杨立新 郭明瑞 ◎主编

《中华人民共和国民法典·人格权编》释义

曹相见 杜生一 侯圣贺 ◎编著

人民出版社

总　序

杨立新　郭明瑞

　　2020 年 5 月 28 日,第十三届全国人民代表大会第三次会议通过了《中华人民共和国民法典》(以下简称《民法典》)。这标志着启动 5 次、耗时 66 年、凝聚数代民法人心血与智慧的民法典编纂任务顺利完成。我国由此开启了全新的民法典时代。

　　这是一个具有重大历史意义的时刻。民法典作为社会生活的"百科全书",规范和调整着社会经济生活与家庭生活的方方面面,并在此基础上深入而持久地型构、塑造着一个国家、民族、社会和人民鲜明的整体气质。作为新中国第一部以"法典"命名的法律,民法典是市民社会全体成员的"民事权利宣言书和保障书",其始终以人为焦点,并以人的权利和自由为终极关怀。按照民法典生活,尊严就能够得到尊重,权利就能够得到实现,不仅在一生中生活得更加幸福,而且在其生前和死后都能够得到法律的保护。民法典是我国社会主义法治建设的重大成果,其奠定了民法作为市民生活基本法的地位,有利于从私权角度抵御公权力对公民生活的不当干预。民法典通过将社会主义核心价值观融入法律条文,彰显了鲜明的中国文化特色。作为新时代的法典,民法典紧扣时代脉搏,回应时代需求,体现时代特征。

　　民法典用法典化方式巩固、确认和发展了民事法治建设成果,健全和完善了中国特色社会主义法律体系。民法典的制定充分体现了中国共产党全心全意为人民服务的宗旨,体现了人民至上的理念。民法典的实施将助推国家治理体系和治理能力现代化迈上新的台阶,助推人民生活走上诚信、有爱、团结、奋进的正轨。民法典颁布后的次日,中共中央政治局就"切实实施民法典"举行第二十次集体学习,要求全党切实推动民法典实施:要加强民法典重大意义的宣传教育,讲清楚实施好民法典;要广泛开展民法典普法工作,将其作为"十四五"时期普法工作的重点来抓;要把民法典纳入国民教育体系,加强对青少年民法典教育;要聚焦民法典总则编和各分编需要把握好的核心要义和重点问题,阐释好民法典一系列新规定、新概念和新精神。

为此,人民出版社组织编写了《中华人民共和国民法典》释义系列丛书。丛书由全程参与民法典编纂的著名法学家担纲主编,汇集了国内相关领域的中青年学术骨干,本着积极勤勉的态度、求真务实的精神,按照民法典体例设立总则编(含附则)、物权编、合同编、人格权编、婚姻家庭编、继承编、侵权责任编七册。每册书按照法典章节顺序展开,各章先设导言以提纲挈领,然后逐条阐释条文主旨、立法背景、含义;力图做到紧扣立法原义,通俗易懂、深入浅出,既有利于广大读者掌握法律原义,指导日常生活的方方面面,形成和谐幸福的社会秩序;又可成为私权保障和社会责任实现的重要参考。

目　录

前　　言

在民法典各分编中,只有人格权编是全新规定,其他各编都是在现有基础上的增删与调整。人格权的独立成编,是民法典的最大特色,它系统地规定了人格权的类型与内容,回应了信息社会下人格保护的新问题,在世界民法典中独树一帜。人格权独立成编顺应了人格权正面确权的世界潮流,也第一次从法典的角度建构了"人格·财产"的二元体系,实现了权利体系与民法调整对象的衔接。而民法典编撰过程中的争论,最终都化作人格权编草案不断完善的动力,并最大化地彰显了中国民法典的创造。虽然立法效果有待于检验,但人格权独立成编既获得了域外学者的广泛赞誉,①最终稿也增进了国内学者的基本认同。②

从内容上看,《民法典·人格权编》共六章,分别是"一般规定""生命权、身体权和健康权""姓名权和名称权""肖像权""名誉权和荣誉权""隐私权和个人信息保护"。其中,富有特色的是,"一般规定"章作为总则,规定了人格权一般条款、人格标识商业利用、人格权请求权等内容。"生命权、身体权和健康权"章规定了生命权、身体权和健康权及其特殊保护,以及禁止性骚扰、行动自由不受侵犯等内容。"肖像权"章规定了肖像许可使用的有利解释原则、合同解除权以及声音的保护等内容。"隐私权和个人信息保护"章规定了隐私权的内容、个人信息处理原则、个人信息保护、特殊主体义务的守法与信息安全保障义务、保密义务等内容。

从理论上看,法典编纂应建立在坚实的理论基础之上。但就人格权而言,其理论成熟度、体系化与财产权无法相提并论。传统民法典主要是财产法典,

---

① 参见石佳友、庞伟伟、刘忠炫:《民法典:中国特色与欧洲经验——2019 年"中欧民法典国际研讨会"综述》,《山东法官培训学院学报》2019 年第 5 期。

② 参见孙宪忠、朱宁宁:《民法典分编体例既科学也符合我国国情》,《法制日报》2020 年 3 月 24 日。

人格权则被视为侵权法的规制范围。囿于成熟（经典）法典的惯性，人格权保护主要以法典补丁（法国）或判例演进（德国）的形式获得发展，学界也致力于发展一套可简单适用于侵权法的规则体系。在此背景下，大陆法系国家的人格权理论具有浓重的财产权色彩。我国学界虽然对人格权研究进行了卓有成效的探索，但在人格概念、人格权客体、人格权体系等基础理论上仍存在难以弥合的分歧。这就给《民法典·人格权编》的解释带来了挑战性难题。

本书旨在对《民法典·人格权编》进行符合原意、贴近民生、反映变化、通俗易懂的解释，并尽量做到客观、准确。因此，除对各章内容有一个简明介绍外，原则上不再阐明条文的历史沿革，而条文的规范目的也融合在条文的具体要件、法律后果之中。至于学理上的争论与司法实践的做法，或作简单介绍，或限于篇幅不予展开。当然，法律解释是一项复杂的认识活动，最基本的解释也可能涉及多元的解释方法、深层的法理分析。因此，本书不可避免地涉及作者对人格权基础理论的理解，甚至内在地隐藏了一条作者关于人格权体系的主线。这既然不可避免，就请读者予以善意理解。

本书写作分工如下：曹相见，撰写第一章第 989 条至第 991 条、第 994 条，第二章，第四章，第六章，共 28 个条文；侯圣贺，撰写第一章第 992 条至第 993 条，第 995 条至第 1001 条，共 9 个条文；杜生一，撰写第三章，第五章，共 14 个条文。

本书在主编的统筹和安排下，由曹相见具体统稿。虽耗时半载，数次增删，但限于作者的学术水平，错误和纰漏在所难免。在此，恳请读者批评、指正。

曹 相 见

2020 年 6 月

第一章　一般规定

本章导言 ▶

本章规定了人格权编的调整对象、保护范围、权利性质、人格标识商业利用、死者"人格"保护、人格权请求权、违约精神损害赔偿、诉前禁令、民事责任认定、责任方式、责任范围以及身份权利的参照适用,共十三个条文。作为《民法典·人格权编》的"总论",本章规定了人格权的共通规则,同时顺应社会发展,规定了人格标识的商业利用等制度。

第九百八十九条　本编调整因人格权的享有和保护产生的民事关系。

释　义

本条是关于人格权编调整对象的规定。

一、人格权编调整对象的特殊性

关于人格权编的调整对象,《民法典·人格权编(草案)》"一审稿""二审稿"均表述为"因人格权产生的民事关系"。"三审稿"修改为"因人格权的享有和保护产生的民事关系",最终形成现状。显然,"三审稿"和民法典的表达更为准确。

其一,"享有"一词考虑到了人格权的独特性,即人格权与生俱来,非法律所赋予,因此,其取得体现为一种静态的"享有"。这与物权、债权等"动态"取得的权利明显不同,后者是基于后天的行为或事实而取得。① 其二,强调"保

---

① 参见石佳友:《人格权立法的进步与局限——评〈民法典人格权编草案(三审稿)〉》,《清华法学》2019 年第 5 期。

护",旨在宣示人格权的不可侵性,从而原则性排除《民法典·总则编》民事法律行为的适用,这也是人格权与物权、债权等财产权利的重大不同。① 值得注意的是,本条采用了"民事关系"而非"人格权关系"的表述,表明人格权保护涉及各种民事关系,除规定人格权的内容与类型、彰显人格权不可侵性的法律关系外,本条还调整人格标识的商业利用等关系(存在民事法律行为适用的余地)。因此,本条的"民事关系"与"侵权关系"并不等同。② 至于人格权的不可侵性与人格标识商业利用之间的关系,参见本书关于《民法典》第993条的释义。

值得注意的是,传统民法主要是财产法,其在调整对象上的反映,就是不规定人格权关系。事实上,以德国、法国为代表的传统民法典本来也无意调整人格权关系,或者说,当时并不把人格权作为民事权利来对待。人格权关系进入到民法调整对象理论,还得从苏联民法说起。据学者考察,虽然1964年的苏联民事立法纲要明确排除了人格权关系,但学者不甘心这种结果,于是对第1条作扩张解释,将人格权关系纳入"人身非财产关系"的范围。③ 佟柔等老一辈民法学者在将其简化为"人身关系"之后,写入了《民法通则》第2条:"中华人民共和国民法调整平等主体的公民之间、法人之间、公民和法人之间的财产关系和人身关系。"民法典编撰将此思路贯彻到底,从而作出了人格权独立成编的决断。

二、正面规定人格权的基础与难题

传统民法不正面规定人格权,除了历史背景、学说角力的原因外,还有一个重要的考量,就是对人格权能否作为权利没有形成共识。而第二次世界大战以来的新兴民法典对人格权的正面规定,也只是现实主义的应对抉择,而不是实证主义的逻辑贯彻。④ 以至于有学者感慨,人格权的理论证成迄今仍然极富挑战与颠覆性。⑤ 本书认为,正面规定人格权,既有其历史必然性和概念

---

① 也有学者认为存在可适用于人格权的法律行为。参见张平华:《认真对待人格权法律行为》,《政法论坛》2019年第5期。
② 参见张红:《〈民法典各分编(草案)〉人格权编评析》,《法学评论》2019年第1期。
③ 参见徐国栋:《再论人身关系》,《中国法学》2002年第4期。
④ 参见龙卫球:《人格权的立法论思考:困惑与对策》,《法商研究》2012年第1期;马骏驹:《从人格利益到人格要素》,《河北法学》2006年第10期。
⑤ 参见姚辉、周云涛:《人格权:何以可能》,《法学杂志》2007年第5期。

基础,也存在重大的理论难题,亟待学界更新理论、形成合力。

其一,从立法技术上看,人格权正面确权有其历史必然性。一方面,罗马法对市民法之诉与裁判官法之诉的区分,构成了后世权利、利益区分保护的渊源,①前者具有后者不具备的引导性功能;另一方面,权利(绝对权)可直接按照构成要件判断是否构成侵权,但某种利益是否具有保护的必要,端视法官依据生活经验的自由裁量而定,因此,前者更有利于明晰人格权边界。人格权独立成编正好适应了人格保护法定化、类型化的要求。正因为如此,来自德国、意大利、瑞士等国的欧洲学者对我国民法典人格权独立成编给予了高度评价。②

其二,人格权正面确权有其坚实的概念基础。从人格的内涵上看,人格在私法上存在三重意义:作为技术人格的权利能力、作为法律人格的法律主体以及作为事实人格的人格权。三种人格各行其道,作为人格权对象的人格具有独立性。从人格的外延上看,人格权与人之尊严、人权有别:人之尊严是一切实证权利的价值基础,人权是人之尊严国家保护的具体要求,宪法权利为其实证化与具体化。人格权既是宪法权利也是民事权利,二者平行存在。③

但这并不意味着人格权理论逻辑无缺。人格权作为权利面临其客体难题。不过,人格权的客体悖论是因传统客体理论的局限所致。对此,应区分权利的客体与对象,以客体表达权利的规范性,权利的事实性则以对象名之:人格权客体即义务人的不作为义务,对象则是法律关系界定后的自由领域。认为权利客体是义务人义务、区分客体与对象的做法,历史上早已有之,只是一直没有形成通说。近年来,民法学界涌现出一股区分客体与对象的主张,④但

---

① 参见张礼洪:《人格权的民法保护及其理论的历史发展》,《中国政法大学学报》2018 年第 4 期。

② 参见石佳友、庞伟伟、刘忠炫:《民法典:中国特色与欧洲经验——2019 年"中欧民法典国际研讨会"综述》,《山东法官培训学院学报》2019 年第 5 期。

③ 参见房绍坤、曹相见:《〈民法典人格权编(草案)〉的贡献与使命》,《山东大学学报(哲学社会科学版)》2019 年第 6 期;曹相见:《论民法与宪法关系的当代使命》,《南海法学》2019 年第 2 期;曹相见:《基本权利私法介入的否定立场》,《河北法学》2020 年第 3 期。

④ 参见方新军:《权利客体论》,中国政法大学出版社 2012 年版,第 170 页;王坤:《知识产权对象、客体的区分及其在民法学上的意义》,《法治研究》2020 年第 1 期;熊文聪:《超越称谓之争:对象与客体》,《交大法学》2013 年第 4 期;刘德良:《民法学上权利客体与权利对象的区分及其意义》,《暨南学报(哲学社会科学版)》2014 年第 4 期;曹相见:《民法上客体与对象的区分及意义》,《法治研究》2019 年第 3 期。

其能否解决人格权的理论难题,尚待学界合力和时间检验。

三、人格权独立成编的体系价值

人格权单独成编是我国民法典的一大特色。1986 年《民法通则》在第五章专章规定"民事权利",将人身权利规定为与财产权并列的权利,《民法通则》因而被誉为中国"民事权利宣言书"[1]。2002 年《民法(草案)》则进一步将人格权规定为总则、物权、合同之后的独立一编。民法典关于人格权的立法安排,虽然引起了学界的激烈争论,但从历史沿革上看,不过是对先前立法思路的一种沿袭。关于民法典的此种做法,学界态度褒贬不一。[2] 本书认为,除去对传统民法典的路径依赖,人格权独立成编当有其进步意义。

其一,人格权的独立成编与民法调整对象的理论发展遥相呼应,在民法上真正构建起人格和财产的二元格局。传统民法典基本上属于财产法典,其在民法调整对象上的反映,就是不规定人格权关系。但传统大陆法系国家虽未正面规定人格权,人格权理论却经由判例演进而获得长足发展,增加人格权的内容、正面规定人格权也有强烈动因。把人格关系纳入民法的调整范围,虽然是苏联学者运用理论进行解释的结果,但不失为一种高瞻远瞩的做法。

其二,人格权的独立成编体现了潘德克顿式民法分则确定权利边界的要求。潘德克顿式民法总则抽象出来的主体、客体与行为,其实仅具相对意义。因此,以是否适用法律行为为标准来衡量人格权及其立法,并无道理。此外,人格权与财产权在权利对象上本来就存在"人格自由"与"对物支配/请求"的对立,不能戴着财产权的有色眼镜来观察人格权。人格权虽然也具有积极权能,但其作为一种自由,具有固有性和专属性,因而不适用财产权意义上的民事法律行为。[3] 但是,人格自由也有自己的行使规则,体现为人格权的具体功能及权利边界,这正是人格权独立成编的意义所在。

其三,与 19 世纪的民法典重视保护财产和行为自由不同,20 世纪的新兴民法典更加体现了对人的保护。21 世纪的中国民法典的特色则在于,正确认

---

① 参见王利明:《民法典人格权编草案的亮点及完善》,《中国法律评论》2019 年第 1 期。

② 赞同意见以王利明教授为代表,参见王利明:《论我国〈民法总则〉的颁行与民法典人格权编的设立》,《政治与法律》2017 年第 8 期;反对意见以梁慧星教授为代表,参见梁慧星:《民法典编纂中的重大争论》,《甘肃政法学院学报》2018 年第 3 期。

③ 人格标识的许可使用有民事法律行为的适用余地,但这已经超出人格权的范围。

识和回应信息和科技对法律尤其是权利保护的影响。21 世纪是科技发展的时代,现代科学技术的发展既为人们完善人格,行使独立、自由、平等等权利带来便利,也为人身权的保护带来新的难题。[①] 在这方面,《民法典·人格权编》对社会关切的器官捐献、临床试验、人体基因和胚胎的医学与科研活动、人格标识的商业利用等问题作出了回应,体现了一定的时代特色。

　　第九百九十条　人格权是民事主体享有的生命权、身体权、健康权、姓名权、名称权、肖像权、名誉权、荣誉权、隐私权等权利。

　　除前款规定的人格权外,自然人享有基于人身自由、人格尊严产生的其他人格权益。

释　义

本条是关于人格权编保护范围的规定。

一、人格权编保护范围的开放性

　　法律上的人格是个多义词。作为人格权对象的人格具有主观性。人格不仅包含作为生物存在的生命、身体、健康,体现生物存在道德性的行为自由、精神自由,也包含体现受他人尊重的名誉、隐私,以及基于人的社会性产生的姓名、肖像等。人格从生物型、自由型到尊严型、标表型的延伸,既是从生物性到社会性的过渡,也体现了人格从客观到主观的渐变。[②] 此外,在权利之外,人格亦以非典型的利益形式存在,如依附于物(形成具有人格意义的物)或他人(喜欢、爱慕)之上,但存在于他人(具有亲属关系的人除外)、他人的物或无法控制的物上的人格利益不受法律保护。

　　人格的主观性导致了人格权的不确定性,人格权将一直处于发展、演进的动态过程,人格权的完全法定因而变得不可能。就人格权法定而言,如果我们从确定人格权类型与边界——而非权利基础(赋权)的角度来思考,它就具有

[①]　参见郭明瑞:《为什么要制定人格权法?》,《苏州大学学报(哲学社会科学版)》2018 年第 5 期。
[②]　参见房绍坤、曹相见:《〈民法典人格权编(草案)〉的贡献与使命》,《山东大学学报(哲学社会科学版)》2019 年第 6 期。

必要性和可行性。事实上,关于人格权法定的学理争论,也只是一场关公战秦琼式的讨论:否定论批评人格权并非法律所赋予,肯定论虽未过多着墨却压根儿就没有否认;肯定论强调人格权法定的技术必要性,否定论未予充分关注但也不等于反对。① 但为保持人格权体系的开放性,人格权法定必然体现为一种开放的结构。本条采纳"等权利""其他人格权益"的表述,体现了人格保护的开放性。

关于本条规定的性质,有学者将其理解为一般人格权。② 就学术传统而言,一般人格权概念得到了我国学者(尤其是早期学说)的普遍认可。理论上多认为,一般人格权以人格尊严、人格平等、人身自由为内容,是对人格权的高度抽象和概括规定。③ 但事实上,滥觞于德国法上的一般人格权并非真正意义上的绝对权,它保护的是法定人格权以外的人格利益。作为德国民法典权益保护开放性不足的产物,它也无法替代人格权一般条款。④ 新近的研究多带有反思意义,越来越多的意见认为,肇始于德国法上的一般人格权,实质上就是人格权一般条款(或称人格保护的兜底条款)。⑤ 因此,对于本条的解释,宜使用更为准确、通俗易懂的人格保护"一般条款"或"兜底条款"概念,而非具有德国法特殊背景的、怪异的"一般人格权"。

在司法实践中,法定人格权之外的人格利益主要有:(1)不受他人侮辱、威胁、恐吓的利益,如在"丁菲菲、梁勇一般人格权纠纷案"中,法院认为,丁菲菲在向被告梁勇电话回访时,梁勇使用了不文明语言,给丁菲菲造成一定的精神伤害,侵害了丁菲菲的人格尊严,梁勇应向丁菲菲赔礼道歉。⑥ 而就威胁、恐吓而言,其对人的生活安宁影响重大,又无法纳入生命、身体、健康等法定人

---

① 参见曹相见:《人格权法定的宪法之维与民法典编纂》,《浙江社会科学》2020 年第 2 期。
② 参见王利明:《民法人格权编(草案室内稿)的亮点及改进思路》,《中国政法大学学报》2018 年第 4 期;张红:《〈民法典各分编(草案)〉人格权编评析》,《法学评论》2019 年第 1 期。
③ 参见梁慧星:《民法总论》,法律出版社 2011 年版,第 93 页;王利明:《人格权法研究》,中国人民大学出版社 2018 年版,第 131 页。
④ 参见房绍坤、曹相见:《论人格权一般条款的立法表达》,《江汉论坛》2018 年第 1 期。
⑤ 参见尹田:《论人格权概括保护的立法模式》,《河南省政法管理干部学院学报》2011 年第 1 期;方金华:《一般人格权理论分析及我国的立法选择》,《法律科学》2015 年第 4 期;易军:《论人格权法定、一般人格权与侵权责任构成》,《法学》2011 年第 8 期;冉克平:《一般人格权理论的反思与我国人格权立法》,《法学》2009 年第 8 期;薛军:《揭开"一般人格权"的面纱》,《比较法研究》2008 年第 5 期。
⑥ 参见山东省淄博市中级人民法院(2017)鲁 03 民终 861 号民事判决书。

格权的范畴。例如,在他人大门上挂两只死鸡,旁边墙上还用油漆写个"杀"字。又如,网络购物给商家差评,商家即发来"删了评论,不然杀了你"的威胁短信。(2)婚姻不被破坏的利益。在"冯娟娟、竺月书诉竺甲一般人格权纠纷案"中,法院认为,被告竺甲明知原告冯某某为有夫之妇,仍与其发生不正当男女关系,有违公序良俗,依法应承担侵犯竺乙一般人格权的民事责任。① (3)对先人坟墓的利益。如有法院认为,先人坟墓及遗骨是后人凭吊哀思、寄托念想的精神利益,代表了一个家族的历史渊源,任何人不得侵犯。② 此外,损害他人具有人格纪念意义的物、破坏生活重要仪式、欺诈性抚养等也构成人格利益的侵害。

二、人格权利保护与利益保护的区分

本条第 1 款规定了生命权、身体权、健康权、姓名权、名称权、肖像权、名誉权、荣誉权、隐私权等权利,第 2 款规定了自然人基于人身自由、人格尊严享有的其他人格权益,特色有二:一是对法定人格权一一列举,同时又保持了人格权的开放结构;二是分别规定了权利和利益,共同构成人格保护的兜底条款。就列举而言,虽然有所缺漏(如没有规定声音权,当然也不可能规定未来的新兴人格权),但因为本条的开放性,所以不成问题。值得注意的是,本条第 1款、第 2 款分别规定人格权、人格利益,意味着人格权和人格利益的区分保护。

关于权利和利益的保护,《侵权责任法》通过后,学界存在两种不同意见。平等保护说认为,权利和利益并无明确界限,亦可相互转化,侵权责任构成不应有别;③区分保护说则认为,权利由法律事先规定,是公开、公示的,但利益不由法律事先规定,而是法院从个案中总结出来的,因此需要不同的构成要件。同时,为保护行为人自由计,也需要对利益的保护加以适当限制、确立不同于权利的构成要件。④ 但有趣的是,不仅德国侵权法以法益区分为基础,法国侵权法也实质上贯彻了区分保护原则,只不过德国法对不同类型的法益规

① 参见浙江省绍兴市中级人民法院(2013)浙绍民终字第 817 号民事判决书。
② 参见"吴锡平、吴锡学与刘才林、刘才友等人格权纠纷案",贵州省安顺市中级人民法院(2014)安市民终字第 6 号民事判决书。
③ 参见王胜明主编:《中华人民共和国侵权责任法释义》,法律出版社 2010 年版,第 29 页。
④ 参见王利明:《侵权责任法研究》(上卷),中国人民大学出版社 2011 年版,第 93 页。

定不同构成要件,法国法则通过过错、损害以及因果关系等进行弹性取舍。①申言之,实质性的法益区分保护在各国侵权法中都存在,与侵权法是否采纳一般条款的立法模式无关。

本条规定区分人格的权利保护与利益保护,既契合比较法上的经验,也与人格的主观性、不确定性相适应。在权利与利益的区分标准上,我国学界普遍赞同德国学者提出的归属效能、排除效能和社会典型公开性三标准说。其中,归属效能旨在将确定的利益内容归属于特定主体,排除效能的核心是排除他人的非法干涉,社会典型公开性则在于使社会一般主体有识别利益客体之可能性。② 人格利益属于绝对利益,因而符合排除效能。因此,只要同时符合归属效能(即排除反射利益)、社会典型公开性,非法定的人格利益即具备法定人格权的条件。当然,社会典型公开性条件的具备,依赖社会经济发展和公众普遍认知的形成。但不符合社会典型公开性的人格利益,也可以作为非典型的人格利益获得保护,例如祭奠利益、具有特殊纪念意义的物上的人格利益。

三、法人、非法人组织的"人格权"

在权利主体上,本条第 1 款使用了民事主体的概念,第 2 款则以自然人代之。与自然人概念相比,民事主体还包含法人、非法人组织。有趣的是,除本条第 2 款、第 1001 条规定的身份权利、第 994 条的死者"人格"保护明确为自然人外,本章其他条文均使用了民事主体的概念。这似乎意味着法人、非法人组织可获得身份权、人格利益除外的广泛人格权利。但查"一般规定"以外的各章规定,除第三章关于"名称权"、第五章关于"名誉权和荣誉权"的规定外,其他人格权均与法人、非法人组织无关。那么,如何解释法人、非法人组织享有的名称权、名誉权和荣誉权呢?

关于法人、非法人组织名称权、名誉权和荣誉权,《民法通则》(第 99 条第 2 款、第 101 条和第 102 条)早有规定,《民法总则》第 110 条第 2 款同样予以明确。在学理上,法人、非法人组织的人格权问题,常以法人人格权为题进行讨论。我国通说认为法人享有人格权,但论证理由粗糙,无法让反对

---

① 参见朱虎:《侵权法中的法益区分保护:思想与技术》,《比较法研究》2015 年第 5 期。
② 参见于飞:《侵权法中权利与利益的区分方法》,《法学研究》2011 年第 4 期。

者信服。① 在比较法上,各国民法典一般不正面回答法人人格权问题,而是在法人权利能力部分笼统规定法人权利。例外的是,苏俄民法曾规定法人只能享有财产权。② 正因为如此,各国民法典多在自然人部分规定人格权。

现行法对法人人格权的保护是一种综合性的保护模式,涉及民法、反不正当竞争法、知识产权法等。但即便肯定论者也承认,这一保护模式存在立法技术粗糙的问题,③由此导致法人保护的体系矛盾。其一,在救济模式上,虽然法人人格权与知识产权、商誉权竞合的现象经常出现,但由于人格权与知识产权性质迥异,故有的法院进行择一判断、否认二者的竞合。④ 其二,在责任方式上,虽然承认法人享有人格权,但又否认法人的精神损害赔偿。实践中,因为法人名称权、名誉权具有财产属性,法院常常拒绝适用赔礼道歉的责任方式;消除影响、恢复名誉则实质上成了消除对商誉不当影响、恢复商誉本来状态的方式。⑤ 其三,法人人格权还存在架空生产者、销售者、国家机关的容忍义务,侵害劳动者、消费者权益和公民的批评、监督权,值得警惕。

本书认为,法人保护应向财产权模式回归,但这并不意味着对法人非财产利益的漠视。其一,法人人格是主体意义上的人格,目的在于赋予法人相应的行为能力,这与人格权上的人格并不等同。因此,法人享有人格不等于法人享有人格权,后者旨在保护存在尊严伦理的自然人。⑥ 其二,法人保护的目的,旨在维护法人的"信誉形象",但此种保护存在公、私法的分工,赋予法人人格权不是唯一的路径。例如,《罗马尼亚刑法典》《印度刑法典》《加拿大刑法典》《瑞士刑法典》等均规定了侮辱、诽谤法人罪;《德国刑法典》虽未作此规定,但德国学者早已提出"规定对法人侮辱之犯罪"的立法建议。⑦ 遗憾的是,我国刑法并未对此作出规定。其三,不应将自然人的情感嫁接于法人,从而赋

---

① 反对意见参见张俊浩主编:《民法学原理》(上册),中国政法大学出版社 2000 年版,第 190 页脚注;尹田:《论法人人格权》,《法学研究》2004 年第 4 期;郑永宽:《法人人格权否定论》,《现代法学》2005 年第 3 期;钟瑞栋:《"法人人格权"之否认》,《厦门大学法律评论》2004 年第 2 期。

② 参见史尚宽:《民法总论》,中国政法大学出版社 2000 年版,第 152 页。

③ 参见张红:《人格权各论》,高等教育出版社 2015 年版,第 396—397 页。

④ 参见江苏省高级人民法院(2007)苏民三终字第 0013 号民事判决书。

⑤ 参见李国庆:《论商业诋毁诉讼的赔礼道歉和消除影响责任》,《知识产权》2014 年第 6 期。

⑥ 参见房绍坤、曹相见:《法人人格权的立法论分析》,《山东社会科学》2016 年第 12 期。

⑦ 参见谢望原、刘柱彬:《我国刑法应确立侮辱、诽谤法人罪》,《中南政法学院学报》1988 年第 3 期。

予法人人格权。实际上,不赋予法人人格权不等于不保护法人背后的自然人。同理,我们也不应将法人背后的自然人的情感等同于法人的情感。与自然人相比,法人在诸多情形负有容忍义务,应通过及时回应、公开声明来消除因保护消费者、劳动者权利和公民宪法权利带来的不利影响。过度保护法人将导致"法人专横"。

因此,所谓法人、非法人组织的名称权、名誉权、荣誉权,一方面在规范目的上应解释为财产权,即名称权和商誉权;另一方面还应进行限缩解释,结合法人、非法人组织的容忍义务、公民权利进行利益衡量,避免因过度保护法人、非法人组织而侵害自然人的利益。

四、人格尊严、人身自由的意义

关于本条第 2 款规定的人格尊严和人身自由,应当追问的是,为何自然人享有的其他人格权益是基于人格尊严、人身自由而产生的? 这是否意味着第 1 款列举的法定人格权不是基于人格尊严、人身自由产生的? 我国传统学理将一般人格权与具体人格权并列,认为一般人格权以人格尊严、人格自由为内容,具体人格权以具体人格要素为内容,二者似乎存在明显的分工与区别。这种立场值得商榷。

其一,根本不存在一种以人格尊严、人格自由为内容的抽象权利,德国法上的一般人格权作为"框架权",旨在为保护未被法律列举的人格利益创设通道,拓展德国侵权法的保护范围,已如前述。我国宪法中的人格尊严、人身自由则是作为宪法名誉权、行动自由权存在的。

其二,即便在德国法的特殊背景下,一般人格权也不是与具体人格权并列的权利,而是作为具体人格权的基础存在的。[①] 既然一般人格权的概念对我国无借鉴价值,在民法典的解释中,人格尊严、人身自由的意义,就只是为(所有的)人格权益保护提供价值基础,而这已经不同于宪法上的人格尊严、人身自由。[②]

正确理解人格尊严、人身自由的意义,有利于认识民法与宪法的关系。当下流行的意见认为,既然人格尊严、人身自由等规定于宪法,那就是宪法权利。

[①] 参见[德]卡尔·拉伦茨:《德国民法通论》(上),王晓晔等译,法律出版社 2003 年版,第 173 页。

[②] 但宪法未规定宪法权利的价值基础,并不影响宪法权利价值基础的事实存在。

这种意见忽视了法的应然与实然。事实上,从规范结构上看,围绕法的应然与实然、规范与价值的关系,宪法规范呈现出立体式的效力结构:规定所有制等国家制度的规范具有最高效力,并存在部门法的具体化问题;规定言论自由等宪法权利的规范对抗国家公权力,仅在公法领域内具有最高效力,其具体化也限于公法领域;人格尊严(不同于《宪法》上作为权利的人格尊严、人身自由)不是实证权利,而是民事权利、宪法权利的共同基础与价值来源,人权则是人格尊严的具体化,但它面向国家,是宪法权利更为具体的价值基础。① 在比较法上,虽然也有立法例(如《南非宪法》)把人格尊严作为宪法权利来对待,但以《德国基本法》为代表的更多立法则将其视为人权、宪法权利的价值基础。② 在我国,随着研究不断深入,对传统立场的反思渐多,人格尊严为最高价值的主张呈"星火燎原"之势。③

准此,虽然立宪主义发生了从自由国家到社会国家的变化,市民社会也出现了许多强势主体,从而打破了旧有的主体形式平等,但宪法权利与民事权利仍然泾渭分明,分别对抗国家和私人。二者在人格尊严上的趋同,不是哈贝马斯所谓的"私法对宪法的实质性优先的终结",而是基于不同发展路径的"价值暗合"。④ 而国家通过行使立法权加强保护消费者、劳动者等特殊主体,也不意味着宪法权利介入私法,产生所谓的私法效力。⑤ 因此,本条对人格尊严、人身自由的规定,也不是宪法权利的具体化,而是民法内在体系的自然表达。

第九百九十一条 民事主体的人格权受法律保护,任何组织或者个人不得侵害。

① 参见曹相见:《人格权法定的宪法之维与民法典编纂》,《浙江社会科学》2020年第2期。
② See Henk Botha, Human Dignity in Comparative Perspective, 20 Stellenbosch Law Review, 218 (2009).
③ 参见王泽鉴:《人格权法》,北京大学出版社2013年版,第65页;胡玉鸿:《人的尊严的法律属性辨析》,《中国社会科学》2016年第5期;焦洪昌:《"国家尊重和保障人权"的宪法分析》,《中国法学》2004年第3期;[日]高桥和之:《"宪法上人权"的效力不及于私人间》,陈道英译,《财经法学》2018年第5期;李海平:《基本权利间接效力理论批判》,《当代法学》2016年第4期;黄忠:《人格权法独立成编的体系效应之辨识》,《现代法学》2013年第1期;黄宇骁:《论宪法基本权利对第三人无效力》,《清华法学》2018年第3期;陈道英:《从德国法上的一般人格权看宪法权利与民事权利的协调》,《法学评论》2011年第5期。
④ 参见曹相见:《论民法与宪法关系的当代使命》,《南海法学》2019年第2期。
⑤ 参见曹相见:《基本权利私法介入的否定立场》,《河北法学》2020年第3期。

释　义

本条是关于人格权性质及其不可侵性的规定。

由于本条所讲人格权包含了法人、非法人组织的权利,所以仍然使用了"民事主体"的概念。"任何组织或者个人不得侵害"的表述,既是对人格权不可侵性的宣示,也是对人格权绝对权属性的强调。绝对权作为与相对权并列的权利类型,强调的是义务主体的不特定性。因此,强调人格权为绝对权,意味着人格权主体的人格权不受其他任何人侵犯。

对人格权绝对权属性的解释,还应就其特有本质作进一步分析,以与同为绝对权的物权、知识产权区分开来。在我国,关于权利的分类,在绝对权与相对权之外,还有支配权、请求权、形成权和抗辩权之分。① 由于形成权、抗辩权属于辅助性权利,②因此,作为基础性权利的支配权、请求权便成为基本类型。对此,孙宪忠教授正确评价道:"支配权与请求权的区分……是从法技术的角度对于民事权利的基本区分。这也是学习民法一定要掌握的基本技术规则。"③

就支配权、请求权的区分而言,物权属于支配权无疑。那么,人格权是否属于支配权? 对这一问题的回答,涉及对人格权本质属性的认识。对此,我国民法通说给出了人格权是支配权的答案。④ 温和一点的立场可能会强调人格支配与物上支配的不同。⑤ 仅有少数学者持否定意见,主要理由在于:法律设置人格权的目的,旨在保障决定"人之为人"的基本要素不受非法侵害,而非

① 参见史尚宽:《民法总论》,中国政法大学出版社 2000 年版,第 25 页;王泽鉴:《民法总则》,北京大学出版社 2009 年版,第 69 页;佟柔主编:《中国民法学·民法总则》,中国人民公安大学出版社 1990 年版,第 70 页;谢怀栻:《论民事权利体系》,《法学研究》1996 年第 2 期。

② 所谓辅助性权利,是指为辅助基础性权利的顺利产生、行使或实现,由基础性权利本身衍生或者由法律创设的某些新权利或某种具体的权利效能。参见彭诚信:《私权的层次划分与体系建构》,《法制与社会发展》2009 年第 1 期。

③ 孙宪忠:《民事权利基本分类及其分析裁判的法技术问题》,《法治研究》2018 年第 2 期。

④ 参见王泽鉴:《人格权法》,北京大学出版社 2013 年版,第 45 页;张俊浩主编:《民法学原理》(上册),中国政法大学出版社 2000 年版,第 137 页;姚辉:《人格权法论》,中国人民大学出版社 2011 年版,第 50 页。

⑤ 参见王利明:《人格权法研究》,中国人民大学出版社 2018 年版,第 30 页;姚辉:《人格权法论》,中国人民大学出版社 2011 年版,第 51 页。

赋予自然人对其人格利益进行支配利用的权利;①或者说,内在于人的利益或人的伦理价值可为权利客体,但并不意味着可以或必然成为支配权的客体。② 持否定立场的学者进而认为,人格权属于"受尊重权"。③ 本书认为,人格权"受尊重权"说既是对民事权利类型理论的科学解读,也符合人格权的本质规定,与人格权独立成编的体系效果相呼应,值得提倡。

认为人格权是支配权的意见是对支配权的误解。支配权旨在凸显权利对象的被支配性,也即物性,所以支配权往往体现为对物支配。但我国学者在描述支配权时,往往既侧重权利人对客体(又称对象、标的等)的支配,又强调支配权的排他效力。但强调支配权的排他性会造成一种假象:支配权属于绝对权,人格权亦属绝对权,因此人格权亦为支配权。对此,有学者正确指出:"将绝对性作为支配权的核心要素,容易使人错误地将支配权等同于绝对权。"④

就权利的类型而言,虽然将支配权与请求权并列的分类,在我国法上蔚为主流,在日本法上也不乏市场,⑤其更是可追溯到德国学者艾内克鲁斯,该分类模式随其《民法教科书》的经久传播产生了深远影响。⑥ 但支配权与请求权并不在一个概念层次上,将二者并列并不科学:请求权强调主体对义务人的请求,仍是对法律关系的描述;相反,支配权不是对法律关系的强调,而是对权利对象(权利内容)的描述。正因为如此,德国学者普遍认为,绝对权与相对权才是具有根本意义的权利划分。

关于人格权的"受尊重权"属性,尚需进行概念上的界定。就文义而言,"受尊重"意指他人(义务人)应尊重权利人的人格,描述的是权利主体与权利客体的关系,即人格权的排他效力。而就排他性而言,物权、知识产权显然也有此内涵:要求他人不得侵害权利人的物权、知识产权,也是权利主体受尊重

---

① 参见尹田:《自然人具体人格权的法律探讨》,《河南省政法管理干部学院学报》2004 年第 3 期。

② 参见温世扬:《人格权"支配"属性辨析》,《法学》2013 年第 5 期;李永军:《民法总论》,中国政法大学出版社 2012 年版,第 80—81 页。

③ 参见龙卫球:《人格权的立法论思考:困惑与对策》,《法商研究》2012 年第 1 期;张红:《人格权总论》,北京大学出版社 2012 年版,第 69 页。

④ 汪渊智:《支配权略论》,《晋阳学刊》2015 年第 2 期。

⑤ 参见[日]我妻荣:《我妻荣民法讲义:新订民法总则》,于敏译,中国法制出版社 2008 年版,第 30 页。

⑥ 参见金可可:《论支配权概念》,《中国法学》2006 年第 2 期。

的表现。准此,似乎人格权作为"受尊重权"无法与作为支配权的物权区别开来。但其实,与支配权旨在说明物的可支配性一样,"受尊重权"着意的不是法律关系,而是作为权利对象的人身,它说明的是人身的非支配性、自由属性、受尊重属性,因而具有自己的独特意义。

值得注意的是,人格权作为"受尊重权"不仅是一个学理概念,也得到了我国立法和实践的支持。如《消费者权益保护法》第 14 条规定:"消费者在购买、使用商品和接受服务时,享有人格尊严、民族风俗习惯得到尊重的权利,享有个人信息依法得到保护的权利。"在司法实践中,原告、法院通常将人格尊严得到尊重的权利称为"受尊重权""人格受尊重权"。①

第九百九十二条 人格权不得放弃、转让或者继承。

释 义

本条是关于人格权属性的规定。

人格权旨在维护、促进人性尊严与人格发展,本质上是一种"受尊重权"②。围绕其受尊重权本质,人格权具有固有性、专属性与非财产性三大特征。

一、人格权的固有性

人格权通常被表述为"人之为人"所固有的,并用以维护"人之为人"的全部要素的权利。③ 有学者甚至主张,人格权具有先在性,先于法律,而不以法律的规定为前提。④ 人格权的固有性意味着,人格权是与生俱来的,与民事主

---

① 参见"郭刚诉成都府河竹苑餐饮娱乐有限公司案",四川省成都市武侯区人民法院(2009)武侯民初字第 4680 号民事判决书;"任建民与宁夏物美超市有限公司森林公园店一般人格权纠纷案",宁夏回族自治区银川市金凤区人民法院(2018)宁 0106 民初 1303 号民事判决书。

② 参见[德]卡尔·拉伦茨:《德国民法通论》(上),王晓晔等译,法律出版社 2003 年版,第 282 页;王泽鉴:《人格权保护的课题与展望——人格权的性质及构造:精神利益与财产利益的保护》,《人大法律评论》2009 年第 1 期;龙卫球:《人格权的立法论思考:困惑与对策》,《法商研究》2012 年第 1 期。

③ 参见尹田:《论法人人格权》,《法学研究》2004 年第 4 期。

④ 参见梁慧星:《民法典编纂中的重大争论——兼评全国人大常委会法工委两个民法典人格权编草案》,《甘肃政法学院学报》2018 年第 3 期。

体相伴相随,不得被放弃。

二、人格权的专属性

人格权的专属性意味着,人格利益专属于权利人本人,不能以外在于人的形式存在。人格权的取得方式体现为一种静态的"享有",具有先天性,这与基于后天的法律事实取得的物权、债权等民事权利的取得方式明显不同。①因此,人格权主体与对象在事实上须臾不可分离(这不等于主体与对象无法区分),不得被转让或继承。

值得注意的是,基于人格权的专属性,精神损害抚慰金请求权也具有专属性,但其转化为债权请求权后则不再具有该特征,故而可以被转让或继承。对此,《最高人民法院关于审理人身损害赔偿案件适用法律若干问题的解释》(法释〔2003〕20号)第18条第2款规定:"精神损害抚慰金的请求权,不得让与或者继承。但赔偿义务人已经以书面方式承诺给予金钱赔偿,或者赔偿权利人已经向人民法院起诉的除外。"

三、人格权的非财产性

以是否具有财产价值为标准,民事权利可分为财产权与非财产权。人格权旨在保护人的"人格利益"以及"人的伦理价值",维护"人之为人"的尊严,其体现的是人的尊严、情感以及社会评价等精神利益。因此,人格权为非财产权,不能以金钱来衡量。

第九百九十三条　民事主体可以将自己的姓名、名称、肖像等许可他人使用,但是依照法律规定或者根据其性质不得许可的除外。

释　义

本条是关于人格标识商业利用的规定。

---

① 参见石佳友:《人格权立法的进步与局限——评〈民法典人格权编草案(三审稿)〉》,《清华法学》2019年第5期。

一、人格标识使用权的性质

现代社会,人格标识的经济价值越来越明显。我国学者将此称为"人格权的商品化""人格权的商业化利用"或"人格标识商品化权"。①　一些学者开始对人格权的性质作出检视,认为支配性也是人格权的重要属性,②并主张将人格权的保护范围由精神利益扩大至财产利益,统一保护人格权上的精神利益与财产利益。③　不过,坚持"人格权商品化说"无疑将会导致人格权专属性、非财产性消融的危机。人格权建立在自然人人格尊严和人身自由的基础上,属于自然人专有的权利,将其转让不但违背宪法和法律伦理,而且会造成极大的法理混乱。④

联系《民法典》第 992 条,《人格权编(草案)》(三审稿)一改"一审稿""二审稿"规定,删除了"人格权不得放弃、转让、继承,但是法律另有规定的除外"中的但书规定,并在本条规定"民事主体可以将自己的姓名、名称、肖像等许可他人使用"。可见,立法者实际上否认了人格权财产化的说法,而将人格标识使用权作为一种独立于姓名权和肖像权等人格权之外的财产权。对此,孙宪忠等指出,"这样就保障了人格权立法的人文主义思想基础,保障了民法中的人格权制度和宪法人格尊严原则的精神统一。所以,这个彻底删除,消除了立法上一个比较大的隐患。这完全贯彻了中央的要求,也符合民法以损害赔偿救济的原理来维护和保障民事主体人格利益的原理。"⑤

人格标识使用权以特定人格标识为对象、以人格标识的商品化利用为内容,其本身并不包含精神利益的内容,而是一种特殊的财产权。此与人格标识

---

① 参见王利明:《试论人格权的新发展》,《法商研究》2006 年第 5 期;姚辉:《关于人格权商业化利用的若干问题》,《法学论坛》2011 年第 6 期;杨立新、林旭霞:《论人格标识商品化权及其民法保护》,《福建师范大学学报(哲学社会科学版)》2006 年第 1 期。

② 参见王利明:《人格权法研究》,中国人民大学出版社 2018 年版,第 28—30 页;杨立新:《人格权法》,法律出版社 2015 年版,第 44 页;姚辉:《人格权法论》,中国人民大学出版社 2011 年版,第 50 页;梁慧星:《民法总论》(第五版),法律出版社 2017 年版,第 73 页。

③ 参见王泽鉴:《人格权法》,北京大学出版社 2013 年版,第 256 页;张红:《人格权总论》,北京大学出版社 2012 年版,第 188—224 页。

④ 参见孙宪忠:《坚持现实性和科学性相结合原则、积极推动民法典分编编纂的建议》,载孙宪忠:《我动议——孙宪忠民法典和民法总则议案、建议文集》,北京大学出版社 2018 年版,第 288 页。

⑤ 孙宪忠、朱宁宁:《民法典分编体例既科学也符合我国国情》,《法制日报》2020 年 3 月 24 日。

的形成自由截然不同：前者是财产权，后者则是人格权。以姓名权为例，一般认为，现代法上的姓名权包含姓名的决定、变更与自主使用等三项权能。其中，决定与变更是意思与行为的结合，是姓名据以形成的事实依据，属于人格自由的范畴；而自主使用则是对既定姓名的使用，其包含了人格标识之上的同一性利益与个性化利益。同一性利益是指权利人以特定的人格标识指代自己，其对人格标识的使用不应受他人否认和冒用；个性化利益是指防止出现对姓名权人与"物"之间关系的错误认识所体现的利益。① 同一性利益与个性化利益所体现的均是人格权上的精神利益。综上，姓名权具体包含了姓名的形成自由、同一化利益以及个性化利益，并不包含财产利益。

当然，于同一人格标识之上的人格权与人格标识使用权之间并非没有联系，盗用他人人格标识的情况下便同时侵害了人格权上的个性化利益与人格标识使用权。② 人格标识商业利用背景下，学者和实务界普遍注意到人格标识上的经济价值，但尚需要对人格标识上的个性化利益给予更多关注。

二、人格标识商业利用的限制

从立法目的上看，本条旨在规范人格标识商业利用行为，促进人格标识的积极利用。如上所述，虽然人格标识使用权是一种独立于人格权的财产权，但二者之间又具有一定的联系。因此，为保护民事主体的行为自由和人格尊严，人格标识商业利用行为需要接受限制。

（一）依法律规定不得商业利用

《民法典》第153条规定："违反法律、行政法规的强制性规定的民事法律行为无效。但是，该强制性规定不导致该民事法律行为无效的除外。违背公序良俗的民事法律行为无效。"因此，人格标识商业利用行为不得违反法律、行政法规的规定或违背公序良俗。例如，商业广告的代言人不得违反《广告法》第38条之规定，为其未使用过的商品或者未接受过的服务作推荐、证明。

（二）依性质不得商业利用

依性质不得商业利用是指，人格标识商业利用中不得将人格标识之上的

---

① 参见房绍坤、曹相见：《标表型人格权的构造与人格权商品化批判》，《中国社会科学》2018年第7期。

② 参见房绍坤、曹相见：《标表型人格权的构造与人格权商品化批判》，《中国社会科学》2018年第7期。

精神利益许可他人使用。由于生命权、身体权等物质性人格权并非建立在人格标识之上,故人格标识的商业利用并不涉及生命、身体的许可利用。而对于姓名权、肖像权等精神性人格权,如前所述,此两种人格权之上具有同一性利益,以保证权利人的姓名和肖像等人格标识不被他人所冒用。这里的同一性利益属于精神利益,其当然不可作为商业利用的对象。例如,某活动组织者邀请影视明星王冰冰参加商业演出活动,王冰冰自感俗务缠身,不便出席,但面对高额的出场费又不忍拒绝,遂与替身演员张冰冰约定,由张冰冰代王冰冰出席活动。此时,王冰冰许可他人利用自己的姓名等人格标识假冒自己参加商业活动,使他人误以为参加活动的是王冰冰本人,违反了人格权的专属性和非财产性原则(此时,王冰冰找替身演员参加商业活动的行为亦可能构成违约行为)。

第九百九十四条 死者的姓名、肖像、名誉、荣誉、隐私、遗体等受到侵害的,其配偶、子女、父母有权依法请求行为人承担民事责任;死者没有配偶、子女且父母已经死亡的,其他近亲属有权依法请求行为人承担民事责任。

释 义

本条是关于死者保护的规定。

一、死者"人格"的范围与类型

与《民法典》第990条规定相比,本条对死者"人格"的保护,限于自然人享有的人格权类型,同时又用遗体的保护代替了生命、身体、健康、行动自由等体现生物存在的权利。按照人格利益的性质标准,本条的保护范围可分为如下三类。

(一) 死者的姓名、肖像等

由于死者不存在决定、变更姓名以及制作、公开肖像、声音的自由,因此,本条所谓的死者姓名、肖像等"人格利益",限于姓名、肖像等人格标识的使用权。①此种人格权标识使用权的性质为特殊财产权,已如前述(本书第993条释义部分),因此其保护可通过《民法典·继承编》的规定予以解决。较为特殊的

---

① 也有学者称之为形象权。参见董炳和:《论形象权》,《法律科学》1998年第4期。

是,此处的人格标识是否包含具有表彰功能的个人信息? 作为新生标表型人格权的权利对象,以个人简介、名片等为典型的个人信息具有他为性,他人同时负有正确使用的义务,自然人由此享有访问和更正权。[1] 在民法典的编纂过程中,也有学者建议增加规定死者的个人信息保护。[2]

本书认为,死者个人信息无须单独保护。一是,个人信息上的人格利益或者是彰显主体的自由,或者是作为隐私而存在,人死之后彰显主体的自由不复存在,而对死者"隐私"的保护本条已有明文(如何解释,下文再谈)。二是,人格标识经济利益的产生,源自人(尤其是个性化的主体)的促销作用,对此,只有能直观表征主体的姓名、肖像、声音才能当其任。个人信息作为识别特定自然人的信息的集合,姓名、肖像、声音上的财产利益已为既有制度保护,其他非直观信息又不能进行促销,从而无法产生经济价值,因此也无专门规定的必要。

(二) 死者的遗体

作为一种有形的人体遗存,遗体与"名誉""荣誉"等无形遗存有着明显区别。关于其性质,学界围绕其与物的关系,形成了物说和非物说两种基本立场。物说认为,既然遗体不是民法上的主体,又存在于民法的视野之中,故只能为客体(即物),[3]只是它属于包含社会伦理道德因素的特殊物。[4] 非物说则认为,遗体不是民法上的物,应将其作为人格遗存加以特殊对待。[5] "即便将遗体、骨灰看作物的学者,也将遗体、骨灰使用限制于埋葬、祭祀、供养之目的,其难谓可以满足生产、生活之需,亦无法通过市场对其进行价值衡量。依此言,遗体、骨灰不具有物权中物之性质。"[6]司法实践也不例外。[7]

---

[1] 参见房绍坤、曹相见:《论个人信息人格利益的隐私本质》,《法制与社会发展》2019 年第 4 期。

[2] 参见杨立新:《人格权编草案二审稿的最新进展及存在的问题》,《河南社会科学》2019 年第 7 期。

[3] 参见申卫星:《论遗体在民法教义学体系中的地位》,《法学家》2016 年第 6 期。

[4] 参见梁慧星:《民法总论》,法律出版社 2017 年版,第 154 页;余能斌、涂文:《论人体器官移植的现代民法理论基础》,《中国法学》2003 年第 6 期。

[5] 参见温世扬:《民法总则中"权利客体"的立法考量》,《法学》2016 年第 4 期;陈国军:《死者有形人身遗存的法律属性辨析》,《政治与法律》2015 年第 11 期。

[6] 张红:《侵害祭奠利益之侵权责任》,《法学评论》2018 年第 2 期。

[7] 如有法院认为,骨灰具有法律意义上物之属性,能够被支配和控制,故可以按照继承编的有关规定继承。也有法院认为,因骨灰所生纠纷应由人身权法调整,原审法院套用"其他所有权"这一物权类案由,显属不当。参见上海市普陀区人民法院(2012)普民一(民)初字第 7420 号民事判决书;上海市第二中级人民法院(2011)沪二中民一(民)终字第 178 号民事判决书。

本书赞同非物说:遗体虽为有形存在,但因不具备民法上物的功能,故为自然之物。近亲属于其上存在祭奠、追思的合法利益。即便是基于科研、医疗需要的利用,遗体也不是作为物而存在,毋宁是因为科研、医疗行为顺应人格的道德性所以合法,好比人体可为临床试验但不因此成为物。当然,遗体虽然不适用物权法的一般规则,但为实现遗体上的人格利益,死者近亲属享有占有的权利。

(三) 死者的名誉、荣誉、隐私等

死者的名誉、荣誉与隐私作为一种无形遗存,既不同于遗体,又不可能像姓名、肖像那样具有财产利益,因此可作为一种独立的类型。一般所谓的死者"人格"就是在这个意义上说的(如无特别说明,下文所谓死者"人格"也限于死者名誉、荣誉等)。需要厘清的是,作为一种精神利益,死者"人格"究竟是什么,或者说死者究竟能否享有人格权利或利益?死者"人格"的范围包含名誉、荣誉和隐私吗?

二、死者"人格"的本质是死者生前形象

从文义上看,本条使用了"死者的姓名、肖像……"的表述,似乎意味着立法者承认死者可为人格权益的归属主体,但与自然人享有的权利相比,本条未使用姓名权、肖像权等的表述,又从另一个角度反映了立法者对死者享有人格权益的隐忧。事实也确实如此,关于死者"人格"的法律保护,理论与实践均有重大分歧。在理论上,依是否承认死者享有身后权益的标准,可分为直接保护与间接保护两种模式。其中,直接保护模式又有死者权利保护说、死者法益保护说之分;间接保护模式则有公共法益保护说、近亲属权利保护说、人格利益继承说之别。

就实践而言,最高人民法院先是在"荷花女案"中采死者权利保护说,[1]但在"海灯案"中发生了转折:先是持死者权利保护立场,后又闭口不谈"权"字,只认为构成对死者名誉的侵害。[2] 此后,《最高人民法院关于审理名誉权案件

---

[1] 《最高人民法院关于死亡人的名誉权应依法保护的复函》([1988]民他字第52号)指出:"吉文贞(艺名荷花女)死后,其名誉权应依法保护,其母陈秀琴亦有权向人民法院提起诉讼。"

[2] 参见《最高人民法院关于范应莲诉敬永祥等侵害海灯法师名誉权一案有关诉讼程序问题的复函》([1990]民他字第30号)、《最高人民法院关于范应莲诉敬永祥侵害海灯名誉一案如何处理的复函》([1992]民他字第23号)。

若干问题的解答》(法发〔1993〕15 号)、《最高人民法院关于确定民事侵权精神损害赔偿责任若干问题的解释》(法释〔2001〕7 号)均持相同态度。本条沿袭了过往司法解释的立场。

本书认为,权利能力作为形容主体的概念,以具有自由意志为前提。为体现人的目的性,虽然人的意志可能存在欠缺,但法律仍将每个自然人视为理性人,只是辅之以行为能力制度,以补足胎儿、未成年人的意志欠缺问题。因此,具有生命的存在是法律主体和权利能力的内在规定,权利能力始于出生、终于死亡是民法不可突破的机理。死者没有生命,自然没有权利能力,也无法成为权利和利益的归属主体,这也是本书使用死者"人格"概念的原因。

不过,死者没有权利能力、无可保护之利益,并不意味着死者在法律世界里不留痕迹地消失了。[①] 为了认识复杂的客观世界,人类必须借助于符号系统。"人面对的不是一个客观世界,而是一个符号世界,人只是通过符号来与客观世界打交道。"[②]自然人死亡后,一切关于他的认知都化为符号,成为符号世界的一部分。符号世界既然是人类社会不可或缺的一部分,破坏符号世界就必然影响现世的法律世界。

其一,就认识论而言,真实的符号世界是社会认知的前提,破坏符号世界的真实性构成对公共利益的侵害。其二,在实践论上,建立于符号世界真实性的基础之上,具有高尚品格、坚韧意志的英雄烈士、历史人物具有道德引领功能。这种道德引领功能是对社会而非个人而言的,因为人类社会的健康发展,需要那些舍生取义、舍己为人、自强不息的人的引领,否则人类社会将面临身体素质退化、民族凝聚力稀释等生存危机。其三,死者近亲属对死者的生前形象存在一种追思、悼念的个人利益。

由此可见,所谓死者人格其实就是死者的生前形象,所以说它根本就不是人格。由于符号世界的很大一部分来源于历史,所以历史力求真实。值得思考的是,本条将死者"隐私"纳入法律保护范围是否妥当?对此,本书持否定立场。其一,真实性是符号世界在认识论上的基本要求,禁止对死者"隐私"的探究,将有损于此种真实性,不利于揭开历史迷雾,从而有碍于人类认识世界。而历史上的许多未知之谜,正是通过历史考古、科学考察才获得真相,因

---

① 参见陈信勇:《论对死者生命痕迹的法律保护》,《法律科学》1992 年第 3 期。
② 张法:《20 世纪的哲学难题:符号世界的发现及其后果》,《中国人民大学学报》2001 年第 4 期。

此披露死者"隐私"不应构成侵权。① 其二,从历史解释上看,《最高人民法院关于确定民事侵权精神损害赔偿责任若干问题的解释》(法释〔2001〕7号)第3条曾将死者"隐私"纳入法律保护范围,但《人格权编(草案)》(一审稿)没有沿袭立法惯例,直到"三审稿"才恢复司法解释的做法。这表明,立法者最初对死者不享有"隐私"有着充分考量,只是后来才没有坚持住立场。

综上,关于死者"人格"的解释,就不是死者享有人格权益,而是死者生前形象受法律保护。就死者生前形象的构成而言,由于荣誉属于名誉的一部分——而非独立的权利,隐私又不应予以保护,所以主要由名誉构成。当然,由于死者生前隐私往往与其近亲属相关,因此探寻死者生前隐私的行为不应侵害生者的人格利益,否则仍应承担侵权责任。

第九百九十五条 人格权受到侵害的,受害人有权依照本法和其他法律的规定请求行为人承担民事责任。受害人的停止侵害、排除妨碍、消除危险、消除影响、恢复名誉、赔礼道歉请求权,不适用诉讼时效的规定。

释 义

本条是关于侵害人格权的责任方式的规定。

一、规范结构

本条第一句规定了侵害人格权的责任方式,包括与人格权请求权相对应的责任方式以及损害赔偿责任;第二句是对与人格权请求权相对应的责任方式不适用诉讼时效的规定。

从文义上看,本条第一句并未明确说明侵害人格权应承担何种责任,但我们不妨根据体系解释的方法得出结论。首先,联系第二句可以看出,侵害人格权的责任方式包括停止侵害、排除妨碍、消除危险、消除影响、恢复名誉、赔礼道歉等,这些责任方式构成了与人格权请求权相对应的责任方式。现代民法中,围绕着基础权利往往会产生相应的请求权,并因基础权利性质的不同而各

---

① 参见葛云松:《死者生前人格利益的民法保护》,《比较法研究》2002年第4期。

具特性,如基于物权会产生物权请求权。这些请求权发挥着确保基础权利得以实现的功能。人格权作为一种基础性权利,当然也会产生人格权请求权,以确保其实现,即民事主体在其人格权受到侵害或有侵害之虞时,有权请求加害人承担或请求法院要求加害人承担停止侵害、排除妨碍、消除危险、恢复名誉、赔礼道歉责任,以恢复人格权的圆满状态。[①]

事实上,《人格权编(草案)》(一审稿)详细列举了停止侵害、排除妨碍、消除危险、消除影响、恢复名誉、赔礼道歉等与人格权请求权相对应的责任方式。只不过,考虑到立法者本身可能具有的局限性,以避免挂一漏万以及列举式的规定可能会与总则编或侵权责任编的规定相重叠或冲突,才作此规定。

其次,当因人格权损害造成财产损失或人格权的圆满状态无法恢复时,权利人便可根据《民法典》第 1182、1183 条之规定,主张财产损害赔偿请求权或精神损害赔偿请求权,要求侵权人承担损害赔偿责任。

需注意,人格权作为一种"受尊重权",其本身并不包含财产权的内容。在人格权遭到侵害后,权利人所能主张的赔偿范围亦只能是所受损害,并不能要求行为人按照所获利益赔偿。而对于《民法典》第 1182 条规定的"或者侵权人因此获得的利益赔偿",正确的理解方式是:立法者在此处并未区分人格权与人格标识使用权。人格权本身并不包含财产利益,当然不适用不当得利制度。不过,人格标识具有一定的经济价值,可以作为许可使用的对象。因此,《民法典》第 1182 条规定的"或者侵权人因此获得的利益赔偿",针对的仅是非法侵害他人人格标识使用权的情形。实践中,一些法院往往未正确区分人格权与人格标识使用权,而错误地认为侵害人格权的损害赔偿范围为"该人格权的许可使用价格或侵权人因此而获得的利益"[②]。

二、与人格权请求权相对应责任方式的特点

人格权请求权依附于人格权,是基于人格权产生的独有的保护方式。一旦人格权的行使受到侵害或有侵害之虞,无论是否产生具体损害,权利人均可要求行为人承担与人格权请求权相对应的民事责任。[③] 与损害赔偿责任相比,与人格权请求权相对应的责任方式具有以下特征:

---

① 参见王利明:《论人格权请求权与侵权损害赔偿请求权的分离》,《中国法学》2019 年第 1 期。
② 北京市第三中级人民法院 2019 京 03 民终 5352 号民事判决书。
③ 参见王利明:《论人格权请求权与侵权损害赔偿请求权的分离》,《中国法学》2019 年第 1 期。

（一）强调预防功能

与人格权请求权相对应的责任方式的主要功能在于维护权利人对其人格权的圆满支配状态，预防人格权损害的发生。"即使在没有构成侵权的情形下，只要是妨害了人格权或者可能妨害人格权，权利人都可以行使人格权请求权。"① 与之相比，侵权损害赔偿责任作为一种事后救济的责任方式，虽然也具有预防功能，却更注重通过损害赔偿填补受害人的损失。

（二）不考虑侵权行为人的过错

人格权在性质上属于绝对权，权利人得向任何人主张。只要行为人的行为对人格权构成侵害或有侵害之虞，权利人即可行使侵害除去请求权或侵害防止请求权，要求其承担停止侵害、排除妨碍、消除危险等责任，而不需要考虑行为人是否具有主观过错。② 但是，消除影响、恢复名誉、赔礼道歉等责任的承担往往会对行为人的行为自由构成一定限制，为平衡受害人的合法权益与行为人的行为自由，此类责任的构成需要行为人存在一定的过错。

（三）不适用诉讼时效制度

人格权请求权不适用诉讼时效制度，理由有二：其一，如上所述，人格权本质上是一种"受尊重权"，是人之为人所必须具备的权利，具有绝对性和价值上的优先性，只要该权利受到不法侵害，无论侵权行为的发生时间，权利人都可要求行为人承担与人格权请求权相对应的责任，以恢复权利人对其权利的圆满支配状态。其二，"停止侵害、排除妨碍、消除危险"等责任往往适用于持续发生侵害行为或持续存在侵害之虞状态的情形。此时，侵害行为或有侵害之虞的状态尚未结束，诉讼时效期间无从计算，也就没有适用诉讼时效制度的可能。

第九百九十六条 因当事人一方的违约行为，损害对方人格权并造成严重精神损害，受损害方选择请求其承担违约责任的，不影响受损害方请求精神损害赔偿。

---

① 王利明：《论人格权请求权与侵权损害赔偿请求权的分离》，《中国法学》2019 年第 1 期。
② 参见王泽鉴：《人格权法》，北京大学出版社 2013 年版，第 387 页。

释 义

本条是关于违约行为中精神损害赔偿的规定。

本条旨在为因违约行为遭受精神损害的权利人提供合同法上的救济。精神损害是指权利人因人格权或其他权利遭到侵害后,产生的生理痛苦、精神痛苦以及其他不良情绪。[1] 在传统的违约责任与侵权责任二元体系下,违约责任的范围被限定为财产损害,精神损害则属于侵权责任法救济的范畴。本条规定违约行为致使人格权受到侵害的权利人可以通过违约之诉向对方当事人主张精神损害赔偿,这使得合同法所保护的权益范围(履行利益)扩展至精神利益,体现了《民法典》的进步意义。

一、违约行为中精神损害赔偿的历史发展

比较法上,1900 年《德国民法典》首次规定了人格权的保护规则,并确立了精神损害赔偿制度(非财产损害赔偿),但有关规定仅限于侵权行为部分。此后,尽管司法实践中例外地支持了少数旅游合同、承揽合同中的精神损害赔偿请求,但囿于精神损害赔偿需有法律的明文规定,而合同法上又无相关规定,其尚未成为违约责任的一种。[2] 2002 年《关于修改损害赔偿法规定的第二法案》生效后,德国法上于身体、健康、自由及性的自我决定的非财产利益范围内,建立了一般性的违约精神损害赔偿制度。法国法上未明确区分违约精神损害赔偿与侵权精神损害赔偿,仅在 1932 年审理的若干违约案件中判决行为人承担精神损害赔偿责任。[3] 英美法上,违约精神损害赔偿的实践模式仍然是延续多年的"原则—例外"模式,即原则上对违约引起的精神损害不予赔偿,唯独在符合特殊条件的情形下才予以赔偿。[4]

我国《民法通则》《侵权责任法》以及《最高人民法院关于确定民事侵权精

---

[1] 参见王利明:《人格权法研究》,中国人民大学出版社 2018 年版,第 690—692 页。

[2] 参见倪同木、夏万宏:《违约非财产损害赔偿问题研究——以〈德国民法典〉第 253 条之修改为中心》,《法学评论》2010 年第 2 期。

[3] 参见韩世远:《非财产上损害与合同责任》,《法学》1998 年第 6 期。

[4] 参见尹志强:《论违约精神损害赔偿的正当性及适用范围》,《中国政法大学学报》2014 年第 6 期。

神损害赔偿责任若干问题的解释》(法释〔2001〕7 号)均规定了精神损害赔偿制度,但其只是侵权责任,并非合同责任。《合同法》第 122 条规定:"因当事人一方的违约行为,侵害对方人身、财产权益的,受损害方有权选择依照本法要求其承担违约责任或者依照其他法律要求其承担侵权责任。"从法解释的角度来看,如果权利人选择《合同法》救济,则仅能要求对方当事人承担违约责任,而无法请求精神损害赔偿。

二、本条所指精神损害的法律性质

(一) 属于履行利益的范畴

现代社会,民事主体之间的交往日益频繁、交往内容也更趋多样。合同不仅是人们交换物质财富的工具,亦构成创造精神财富和满足人们精神需求以实现人之价值的工具。[①] 在旅游合同、婚庆服务合同、骨灰保管合同、观看演出合同等特殊类型的合同中,债权人的主要目的是追求一定的非财产利益,或者说对非财产利益的追求远远超过财产利益,即合同的履行利益主要是达到某种程度的非财产利益。[②] 以骨灰保管合同为例,骨灰尚难成为物权法上的物,也无所谓承载何种经济利益,故其并不能成为继承权的客体。当事人与他人签订骨灰保管合同在于通过对骨灰的恰当保管实现其"悼念权",而非一定的经济利益。当保管不当致使骨灰丢失时,合同约定的义务没有履行,当事人因无法行使其"悼念权"受有精神损害,构成履行利益损失。

依传统观点,损害赔偿责任遵循可预见性原则,只有当事人在缔约时可预见的损害才可由非违约方主张,精神损害为固有利益损害,对其救济适用侵权责任法的规定,而如果将精神损害纳入合同法救济的范畴,无疑将使违约方的赔偿范围从履行利益扩展至固有利益,进而不当增加了违约方的交易风险,造成合同当事人之间的利益失衡。但是,依上文所述,现代社会中的合同不必然都是承载经济利益的工具,合同并不必然排斥非财产利益成为合同的内容。当事人通过理性判断所订立的以精神利益为内容的合同中,其订立合同的目的本就不是实现经济利益,若当事人不履行合同义务致使非违约方订立合同的目的落空,所产生的损害是当事人所能预见的,此种情形下的违约行为造成

[①] 参见陆青:《违约精神损害赔偿研究》,《清华法学》2011 年第 5 期。

[②] 参见尹志强:《论违约精神损害赔偿的正当性及适用范围》,《中国政法大学学报》2014 年第 6 期。

的精神损害亦属于履行利益损失,应当由合同法予以救济。

（二）不产生请求权竞合

现代民法中,违约责任和侵权责任各具基础,二者所保护的利益范围存在明显差别。合同法所保护的是当事人通过合同安排的结果,违约责任的承担应遵循可预见性规则,以弥补因违约行为导致的非违约方对违约方适当履行期待的落空,使非违约方处于合同得以适当履行的状态,即仿佛合同从未被违反的状态;侵权责任法则旨在保护权利人的人身和财产权益,通过侵权责任的承担使受害人重新恢复到无侵权行为时应处的状态。[①] 申言之,履行利益损失属于合同法救济的范畴,固有利益损害才是侵权责任法救济的范畴。如上所述,本条所指精神损害属于合同中的履行利益损失,是当事人通过合同所欲实现的"增量人格利益",并不会构成侵权责任,也不会产生请求权竞合问题。

三、违约行为精神损害赔偿的可预见性规则

《民法典》第 584 条规定了违约责任的可预见性原则,故本条所规定的违约行为导致的精神损害必须是当事人在订立合同时所能预见的损害。传统民法中所讲的精神损害往往是民事主体的固有利益损害,这属于侵权责任法调整的范畴。合同当事人在订立合同时尚难预见该种损害的发生,若将此种损害强加于违约方,无疑加大了其合同风险,导致违约责任的基础丧失。相反,在可预见的情况下,当事人对合同所欲实现的人格利益(增量利益)构成其订立合同的基础,当事人清楚这些利益是什么,则可适用违约责任救济非违约方的权利。以旅游合同为例,游客订立合同的目的就在于通过旅行带给自己愉悦的感受和精神享受,旅行社对此是知情的,并且能够预见到因自己的违约行为会使游客所预期的精神享受得不到实现,造成游客此种履行利益的损失。而对于游客在旅行过程中所遭受的人身损害和财产损失,旅行社无从预见,当然也就不满足可预见性原则,不适用本条之规定。

第九百九十七条 民事主体有证据证明行为人正在实施或者即将实施侵害其人格权的违法行为,不及时制止将使其合法权益受到难以弥补的损害的,有权依法向人民法院申请采取责令行

---

① 参见许中缘、崔雪炜:《论合同中的人格利益损害赔偿》,《法律科学》2018 年第 3 期。

为人停止有关行为的措施。

释 义

本条是关于人格权法上禁令制度的规定。

一、规定人格权法上禁令制度的必要性

禁令是英国衡平法上发展而来的一种由法官自由裁量给予当事人救济,以弥补普通法之不足的救济方式。① 《民法典》颁布前,《专利法》《民事诉讼法》《反家庭暴力法》等均对此作了规定。作为一种紧急处理民事纠纷的措施,禁令能够及时制止侵权行为的发生或继续,有效避免对权利人造成难以弥补的损失,尤其是在网络发达的现代社会,禁令制度更是在保护自然人的隐私权、名誉权等方面发挥着不可替代的作用。

尽管停止侵害、排除妨碍、消除危险等责任方式具有损害排除或损害预防的功能,但要求行为人承担这些责任,尚需要经过漫长的诉讼过程。在这段时间内,若不及时采取有效措施制止侵害行为,即使权利人胜诉,恐怕也难以弥补其受到的损害。申言之,传统的救济方式带有明显的滞后性,不能完全胜任保护与救济名誉权等精神性人格权的功能。尽可能地将损害降到最低点,这是事前防范比事后救济更具优越性的最好体现。② 因此,为了更好地保护自然人的人格权,避免造成难以弥补的损害,有必要规定人格权法上的禁令制度。

二、人格权法上禁令的类型

依内容之不同,可以将人格权法上的禁令分为隔离令和非隔离令。隔离令又称"非接触命令"(no-contact order),它以禁止施暴的行为人接触受害人或要求施暴行为人远离受害人一定范围为内容。逻辑上,隔离令须以迁出令为前提,要求加害人先迁出共同居所。隔离令能够有效地使受害人免受侵害,适用频率最高。③ 非隔离令并不禁止行为人接触受害人或要求行为人距离受

---

① 参见王利明:《人格权法研究》,中国人民大学出版社 2018 年版,第 676 页。
② 参见孙彩虹:《我国诉前禁令制度:问题与展开》,《河北法学》2014 年第 8 期。
③ 参见张平华:《认真对待民事保护令》,《现代法学》2012 年第 3 期。

害人一定距离。

一般来讲,在侵害物质性人格权的场合,行为人和受害人之间在空间上距离较近,适用隔离令的概率较大。例如,行为人对家庭成员施暴的场合,施暴行为人和受害人往往共处一室或一户,签发隔离令让施暴行为人迁出共同居所或距离受害人一定距离就能达到保护受害人的目的。而在侵害精神性人格权的场合,行为人和受害人之间往往距离较远,并无适用隔离令的空间。即便距离较近,行为人也可以通过网络工具等实施侵害行为,签发隔离令并无多大意义。故一般情况下,隔离令仅适用于侵害物质性人格权的情形,非隔离令适用于侵害精神性人格权的情形。

三、禁令的适用条件

人格权法上的禁令制度纵然可以使权利人的人格权获得法律保护,但其毕竟是在权益保护与行为自由冲突之下所做的选择,是公权力介入私生活的表现。故人格权法上的禁令制度应受到限制:

(一) 有行为人申请签发人格权禁令的请求

由于诉前禁令是公权力对私权利的干涉,诉前禁令的签发应以受害人有相应的请求为前提。当然,申请人并不以受害人本人为限,在许多情况下,受害人并不具有向法院申请签发禁令的条件。例如,在遭受家庭暴力的情况下,受害人迫于与侵权行为人共同生活的现实,往往有"家丑不可外扬"的想法或迫于行为人的淫威不敢申请禁令,在此情况下,应允许被害人的亲戚朋友、妇联等单位或个人向法院申请。而在涉及刑事犯罪的场合,亦应允许检察机关申请。

(二) 有证据证明行为人正在实施不法侵害

受害人申请人格权法上禁令的前提是他有充足的理由认为其人格权"可能被侵犯"或"已经遭到侵犯",而理由的"充足性"应结合申请人实际掌握的证据情况以及一个正常、理性人的判断能力来综合考量。[①] 申言之,只要受害人能够证明行为人正在实施不法侵害人格权的行为或其人格权有侵害之虞即可,并不要求其证明已经发生了实际损害。因为,人格权法上的禁令制度旨在为受害人提供及时救济,防止出现不可弥补的损害,而不是作为法院的最终裁

---

① 参见孙彩虹:《我国诉前禁令制度:问题与展开》,《河北法学》2014年第8期。

判。故人格权法上禁令的签发并不需要开庭审理,亦不需要当事人进行充分的举证、质证,对申请人的举证要求比较低。

第九百九十八条　认定行为人承担侵害除生命权、身体权和健康权外的人格权的民事责任,应当考虑行为人和受害人的职业、影响范围、过错程度,以及行为的目的、方式、后果等因素。

释　义

本条是关于认定精神性人格权民事责任时应考量因素的规定。

一、行为人和受害人的职业因素

人生而平等,并无高低贵贱之分,故人格权受法律的平等保护,不因行为人或受害人的职业有别而不同。不过,为保护社会公共利益或满足公众兴趣,法律往往会对公众人物的姓名权、肖像权、名誉权、隐私权等精神性人格权进行限制。而从事特殊职业者的职务行为虽可能有"侵害"他人名誉权、隐私权等精神性人格权之处,但因社会公共利益的需要,亦可阻却违法。《民法典》第999条(本条没有规定名誉权)对为公共利益实施的新闻报道行为可阻却违法问题作了规定,本书将在第999条以下予以阐述,此处仅解释公众人物人格权受限问题。

"公众人物理论"本为美国法上的概念,但在我国司法实践中被广泛使用。对于公众人物,因其涉及社会公共利益或公众兴趣,对于社会舆论应该较一般人负有更多的容忍义务,允许人们对其行为提出合理怀疑和指责,甚至是刺耳的批评,而不能仅因为受到质疑和批评就认为其名誉权受到侵犯。至于何人属于本条规范所指的公众人物以及公众人物的人格权如何受限,本书认为,应坚持动态的认定标准,以职业为主要考量因素,以维护社会公共利益或满足一般的公众兴趣为原则,由法官在具体案件中进行裁量。

即关于公众人物的认定,应以职业为准,但又不能以职业为唯一的考量因素。首先,政府官员掌握公共权力和公共资源,对其人格权进行限制有助于行政廉洁、防止腐败现象的发生,其应属于这里的公众人物;其次,娱乐明星、体育明星、主持人等关乎不特定多数人的娱乐兴趣,且其自愿投入到公众的关注之下,属于公众人物,亦应受本条规范之限制。但一般演员呢? 如果仅以职业为标准,无疑将会使一些与公众人物同业但并未关系社会公共利益或公众兴趣的特殊职业者的人格权受到公众人物般的限制。有鉴于此,还应考虑社会公共利益的需求。

不过,公众人物作为自然人享有人之所以为人的基本权利,对其人格权的限制应有界限,若不涉及社会公共利益或公众兴趣,便不能再限制其人格权。否则,则可能构成人格权侵权。如对明星的演出收入状况等进行披露乃是满足观众娱乐兴趣的正常行为,但对于公众人物的身体隐私、住宅隐私等信息,与社会公共利益或一般的公众兴趣无关,他人不得披露,否则即构成侵害公众人物隐私权责任。[1] 司法实践中,亦是根据公共利益原则或公众兴趣原则来判断公众人物人格权是否受到侵犯。在无涉公共利益或公众兴趣的案件中,公众人物的人格权仍然受到法律的保护。[2]

此外,基于人格标识使用权与人格权的紧密联系,侵害公众人物精神性人格权的同时,往往亦会侵害其人格标识使用权。对于后者,受害人的职业因素往往会影响责任范围的大小,甚至会影响责任的成立与否。[3] 基于人格标识使用权的财产权性质,该问题实则属于财产权受侵害时应考量的因素,在此不作展开。

二、影响范围、过错程度以及行为的目的、方式、后果

首先,影响范围并不是侵害人格权民事责任的构成要件,而是确定责任范围的考量因素。影响范围是行为人的侵害行为对受害人人格权造成影响的广度。基于人格权的绝对性,不管行为人的侵害行为对权利人人格权造成影响的范围如何,其均可以请求行为人承担停止侵害、排除妨碍、消除危险、消除影响、恢复名誉、赔礼道歉以及赔偿损失等民事责任。至于行为人在何种范围内承担责任,应视受害人的人格权受侵害的程度而定。例如,行为人于单位同事之间爆料权利人的隐私,要求行为人于单位范围内向受害人赔礼道歉即可满足人格权保护的需求;但行为人于网上爆料权利人隐私的,权利受影响范围较广,则需要于网上公开道歉。

---

[1] 参见王利明:《人格权法研究》,中国人民大学出版社 2018 年版,第 208—217 页。
[2] 参见广东省广州市中级人民法院(2010)穗中法民一终字第 2460 号民事判决书。
[3] 参见张红:《民法典各分编(草案)人格权编评析》,《法学评论》2019 年第 1 期。

其次,如前文第 995 条以下所述,基于人格权的绝对性,停止侵害、排除妨害、消除危险等责任的承担并不需要考虑行为人是否具有主观上的过错。但消除影响、恢复名誉、赔礼道歉、精神损害赔偿等责任的承担关系到行为人的行为自由,为避免对行为人的行为自由造成不当限制,此类责任的成立需要行为人主观上存在一定的过错。此外,过错对于责任范围的确定亦具有重要影响,尤其是精神损害赔偿责任的确定需要考虑行为人过错的大小。因为,精神损害赔偿责任具有惩罚功能,在适用此种责任时,将行为人的过错程度作为确定赔偿数额的因素之一,可以有效发挥精神损害赔偿对行为人的惩罚作用。①

最后,行为的目的、方式、后果更多的是责任承担时所应考量的因素。例如,在精神损害赔偿费的计算中,需要考量的因素就包括加害行为的动机与目的、加害行为内容的恶劣程度、加害行为的方法与范围、受害人社会评价的降低程度等因素。②

第九百九十九条 为公共利益实施新闻报道、舆论监督等行为的,可以合理使用民事主体的姓名、名称、肖像、个人信息等;使用不合理侵害民事主体人格权的,应当依法承担民事责任。

释 义

本条是关于新闻报道、舆论监督中合理使用他人人格标识的规定。

一、新闻报道、舆论监督中合理使用他人人格标识的正当性

新闻报道是通过报纸、电台、电视台、互联网等媒体途径传播业已发生的事件的行为方式;舆论监督旨在通过媒体曝光违法犯罪信息,形成舆论压力,以引起负有监督职责的公权力部门启动监督程序。根据本条规定,行为人实施新闻报道、舆论监督等行为的,可以合理使用民事主体的姓名、名称、肖像、个人信息等人格标识,即新闻报道、舆论监督等行为可对人格权构成一定限制。但问题在于,人格权乃在于维护自然人的人格尊严和人身自由,是人之所

---

① 参见王利明:《人格权法研究》,中国人民大学出版社 2018 年版,第 717 页。
② 参见[日]五十岚清:《人格权法》,铃木贤、葛敏译,北京大学出版社 2009 年版,第 193 页。

以为人的基本权利,何以会因为新闻报道、舆论监督等行为受到限制呢?本书认为,原因有二:

第一,新闻报道、舆论监督等行为是实现公共利益的重要方式,而公共利益优先原则决定了实施上述行为时可以合理利用他人的人格标识。一方面,新闻自由的目的在于确保新闻机构及其工作人员正当行使舆论监督权,确保社会持续健康发展。现代社会,网络普及范围之广使得信息传播的速度大大提高,新闻报道、舆论监督等行为越来越成为曝光社会不良现象、督促行为人纠正违法状态或引起国家监察部门重视的有效途径。另一方面,在一些涉及公共利益的事件面前,新闻报道、舆论监督等行为也是保障公民知情权的重要手段。因为,保障公民的知情权就是保障其能够最大限度地在新闻报道中获取真实信息。[1] 例如,在突发性传染病防治工作中,通过媒体报道、舆论监督等方式,对感染者的相关情况进行报道,虽然会使其个人信息遭到一定程度的曝光,却又因为可以满足公民的知情权并有助于疫情防控而阻却违法。

第二,人格标识作为一种文字、图像符号,是外在于权利主体的事物,具有他为性和可支配性,新闻报道、舆论监督等行为中合理使用他人人格标识正是他为性和可支配性的体现,而不构成侵权。“名字起了是被别人叫的,自主使用反而不是主要目的……同样,肖像权也具备这些属性,只是肖像的他为性远低于姓名,其主要在行政管理等必要场合存在,如身份证、驾驶证、护照上必须载明肖像。”[2]因此,人的社会属性决定了人格标识是社会化的产物,为了正常的交往以及必要的行政管理活动,必须保障新闻报道、舆论监督等实现公共利益的行为中可以合理使用他人的人格标识。

二、新闻报道、舆论监督中使用他人人格标识的前提是为了实现公共利益

根据本条规定,新闻报道、舆论监督中使用民事主体的姓名、名称、肖像、个人信息的前提是为了实现公共利益。但问题在于,公共利益是一个极不确定的概念,虽然它可以被表述为公共的利益,即不特定多数人的利益或全社会的共同利益,但问题在于后者仍然是一个不确定的概念。尽管如此,我们却可

---

[1]　参见王利明:《人格权法研究》,中国人民大学出版社2018年版,第213页。

[2]　房绍坤、曹相见:《标表型人格权的构造与人格权商品化批判》,《中国社会科学》2018年第7期。

以对公共利益的要素作出概括:第一,公共利益必须具有公共性,即受益的对象具有广泛性和不特定性。第二,公共利益必须具有利益的重要性,即这里的公共利益必须明显大于私益和为一定区域的人所共同认可。在许多情况下,某些明星政要的私人信息可能会引起部分民众的兴趣和关注,进而被新闻媒体报道,但由于其并不能使一定区域内的全部民众受益或引起全部民众的认同,不涉及公共利益,并无适用本条规定的可能。第三,公共利益必须具有现实性,即公共利益是可见的或者经过努力在一定时期内是可以实现的,而不是虚无缥缈或者可望而不可即的。第四,公共利益必须通过正当程序实现,即便有实现公共利益的目的或需要,也不可以通过偷拍、偷录、窃听等方式获得他人的私人信息。①

三、新闻报道、舆论监督中不合理使用他人人格标识的情形

(一) 侵害人格标识上的同一性利益

新闻报道、舆论监督中,经常出现假冒他人姓名、名称或错误书写、用错他人姓名、名称及肖像的情形。关于前者,较为常见的情形是假冒他人发表评论或信息。如新闻报道中为追求新闻的刺激性,假冒知名医生钟南山院士,传播"新冠"病毒来源于北京的假信息。关于后者,主要是"张名李冠"和"张像李戴",即新闻媒体、新闻工作者错误书写、用错他人姓名、名称及肖像。例如,某新闻媒体为满足受众的好奇心,故意将某明星的照片置于新闻报道中,但新闻内容与该明星并无关系。假冒他人姓名、名称或错误书写、用错他人姓名、肖像等行为使得广大的新闻受众误以为报道事件与受害人有关,侵害了权利人姓名、名称以及肖像上的同一性利益。

(二) 侵害隐私权

根据《民法典》第1032条,侵害隐私权是指侵害他人的私人生活安宁以及不愿为他人知晓的私密空间、私密活动、私密信息。但如果非法暴露他人已为人知的信息,如在新闻报道中公开权利人的手机号码、姓名、名称等信息,是否构成侵害隐私权呢? 本书认为,答案是肯定的。一方面,基于人的社会性和人格标识的他为性,人格标识为他人使用并在一定范围内公开并无理论上的障碍;另一方面,人与人进行交往,权利人基于某种信任关系

---

① 参见黄学贤:《公共利益界定的基本要素及应用》,《法学》2004年第10期。

亦可能将自己的隐私向特定对象公开,"这些隐私会由于公开而成为'共同隐私',但在公开范围之外仍属于个人隐私的范畴"①,如果超出本来的使用目的,则超出了权利人合理的隐私期待,存在侵害隐私权的问题。因此,不合理使用他人的姓名、名称或肖像等人格标识,亦可能构成侵害他人隐私权。

（三）不合理使用他人人格标识的其他情形

新闻报道、舆论监督中不合理使用他人人格标识的其他情形主要包括丑化、污损或伪造他人肖像等行为。例如,在新闻报道、舆论监督过程中,新闻媒体为追求新闻的刺激性、新鲜性而丑化、污损他人肖像,或苦于没有新闻事件主人公的肖像而通过高科技手段伪造其肖像。

第一千条　行为人因侵害人格权承担消除影响、恢复名誉、赔礼道歉等民事责任的,应当与行为的具体方式和造成的影响范围相当。

行为人拒不承担前款规定的民事责任的,人民法院可以采取在报刊、网络等媒体上发布公告或者公布生效裁判文书等方式执行,产生的费用由行为人负担。

释　义

本条是关于与人格权请求权相对应责任适用比例原则与强制履行的规定。

一、与人格权请求权相对应责任适用比例原则

损害赔偿责任和与人格权请求权相对应责任共同构成了人格权的保护机制。前者的主要功能是损害填补、损害预防,兼具惩罚和制裁功能;后者的主要功能则是妨害预防和妨害排除,以维护权利人对其人格利益的圆满支配状态。对于损害赔偿责任的具体确定,坚持完全赔偿原则即可,即将人格权在受

---

① 张红:《人格权各论》,高等教育出版社 2015 年版,第 503 页。

到侵害之前的状态与受到侵害之后的状态进行比较,此利益差额即为赔偿的标准。① 故损害赔偿的范围易于确定。

与之相比,与人格权请求权相对应责任不具有惩罚和补偿功能,其并非要赋予受害人有权请求行为人进行“实物形式的损害赔偿”的权利,而旨在消除侵害行为,实现权利人人格权的圆满状态。故适用消除影响、恢复名誉、赔礼道歉等责任时,难以框定责任的范围,存在对行为人的行为自由构成限制的风险。因此,法官必须在遵循比例性原则的前提下行使裁量权,②根据案件的具体情况选择最为合适的责任方式,使民事责任与行为的具体方式和造成的影响范围相当,以避免为保护权利人的人格权而对行为人的行为自由构成不当限制。具体言之,与人格权请求权相对应责任适用比例原则包括以下两方面:第一,目的正当,即相应民事责任的承担必须旨在恢复受害人人格权的圆满状态;第二,必要性,即法院必须权衡人格权受侵害情节的轻重、当事人的身份以及加害人的经济状况等因素,在所有可能使受害人人格权的圆满状态得以恢复的责任方式中选择对行为人自由限制最小的方式,使所欲保护的人格权与对行为人的限制之间成比例,避免为保护较小的法益而使行为人的行为自由受到过分限制。③

二、与人格权请求权相对应责任的强制履行

作为一项民事责任,与人格权请求权相对应的责任方式具有强制执行力。当行为人拒不承担消除影响、恢复名誉、赔礼道歉等责任时,法官可根据受害人的请求强制履行。不过,消除影响、恢复名誉、赔礼道歉等民事责任的强制履行与损害赔偿责任的强制履行具有较大差别。前者只能通过在报刊、网络等媒体上发布公告或裁判文书的形式进行,而无法直接强制行为人为一定行为,否则,可能因为以上责任的强制履行而侵害了行为人的行为自由;后者则可以通过强制措施直接作用于行为人的财产。

值得注意的是,消除影响、恢复名誉责任针对的是侵权行为人错误陈述事实的情形,此类责任可通过由法院以发布公告或公开裁判文书的方式代为履

---

① 参见姚辉:《论人格权法与侵权责任法的关系》,《华东政法大学学报》2011 年第 1 期。
② 参见石佳友:《论侵权责任法的预防职能》,《中州学刊》2009 年第 7 期。
③ 参见王泽鉴:《民法总论》,北京大学出版社 2009 年版,第 439 页。

行。赔礼道歉责任针对的则是恶意诋毁受害人的情形,只存在抚平受害人心理伤口的问题,而不存在还原真相问题。[1] 赔礼道歉本质上是行为人内心的意见表达,如果侵权人愿意赔礼道歉,可以事先写出赔礼道歉的内容,然后作出判决并予以公开。但如果行为人拒绝承担赔礼道歉责任,并不存在由法院强制履行的可能。

第一千零一条 对自然人因婚姻家庭关系等产生的身份权利的保护,适用本法第一编、第五编和其他法律的相关规定;没有规定的,可以根据其性质参照适用本编人格权保护的有关规定。

释 义

本条是关于身份权法律适用的规定。

一、身份权的义务属性

现代民法上的身份权是存在于一定身份关系之上的权利,[2]具体包括亲权、配偶权、亲属权以及监护权等。这与古代亲属法上的身份权具有重大区别:在古代,"身份的法律含义体现的是国家和家族中的权利和等级特权,高等级身份的人对低等级身份的人享有在人身和财产上的绝对支配权。"[3]至现代社会,身份权的内涵发生了重大变化,身份权开始变为以义务为中心而非以权利为中心。[4] "身份权虽名为权利实是权利义务的复合体,而且对义务的关注更多,立法上身份权也多以义务加以表述。"[5]申言之,现代法上的身份权既是身份权人的利益所在,也是身份权相对人的利益所在。该权利实际上表现

---

[1] 参见张红:《不表意自由与人格权保护——以赔礼道歉民事责任为中心》,《中国社会科学》2013 年第 7 期。

[2] 参见王泽鉴:《民法总论》,北京大学出版社 2009 年版,第 114 页。

[3] 杨立新、袁雪石:《论身份权请求权》,《法律科学》2006 年第 2 期。

[4] 参见张红:《侵害祭奠利益之侵权责任》,《法学评论》2018 年第 2 期;叶英萍、李永:《民法典视域下亲属身份权之重塑》,《西南政法大学学报》2016 年第 1 期;杨立新:《完善我国亲属法律制度涉及的六个基本问题》,《重庆社会科学》2008 年第 6 期。

[5] 叶英萍、李永:《民法典视域下亲属身份权之重塑》,《西南政法大学学报》2016 年第 1 期。

为一种强制性的、不可放弃的义务,这明确区别于表现为自由的其他权利。①
例如,配偶权虽含有权利人可以与配偶同居的内容,但权利人却不享有同居的
自由,否则,必将侵害对方的人身自由。再如,亲权虽包含了权利人抚养、照看
未成年子女的内容,但该权利又为法律所强制,权利人不得放弃此种权利。

二、身份权的利益结构

身份权的利益结构表现为权利与义务的复合性,权利人于权利行使过程
中需要履行一定的义务,同时该义务的履行又使权利人享有一定的人格利益。
正因为如此,史尚宽先生谓:"身份权不独为权利人之利益,同时为受其行使
之相对人之利益而存在,原则上权利人不得放弃,甚至有可能认为权利人有行
使之义务。"②例如,对于亲权,享有该权利的主体需尽到照看、保护义务,而
在照看、保护未成年子女的过程中又可享受一定的精神利益或人格利益。中
国古话所讲的"天伦之乐",正是此意。

三、身份权的规范适用

由于《民法典》采取的是总则编与分则编相结合的立法模式,调整身份权
法律关系的法律规范不仅分布于《民法典·总则编》,还分布于《民法典·婚
姻家庭编》等分则编。故对于身份权的规范适用,首先,在《民法典·总则编》
或《民法典·婚姻家庭编》以及其他法律法规对身份权法律关系有直接规定
时,适用其规定。

其次,在没有规定的情况下,基于身份权的人格利益属性,涉及人格利益
的调整与保护的,参照适用本编规定。具言之:第一,从权利类型上看,《民法
典》尚未规定的身份权可参照适用人格权保护的规定。例如,生育权是配偶
权的内容之一,侵害他人配偶权构成对对方人格利益的侵害,应由本编予以调
整。第二,从权利内容上看,已为《民法典·总则编》和《民法典·婚姻家庭
编》规定的身份权亦可能受本编调整。如上所述,身份权具有人格利益的属
性,故对于身份关系的法律适用,一方面需要适用《民法典·总则编》和《民法
典·婚姻家庭编》的规定,另一方面又要参照适用本编的规定。例如,《民法

---

① 参见曹相见、迟莉佳:《论祭奠权何以不能》,《学习与探索》2019 年第 11 期。
② 史尚宽:《亲属法论》,中国政法大学出版社 2000 年版,第 35 页。

典·婚姻家庭编》规定了父母有抚养、教育、保护未成年子女的权利和义务（第1067条第1款、第1068条），该种身份关系受到侵害时（如未成年子女遭到他人绑架），权利人又可以根据本编的规定，请求法院除去侵害或有侵害之虞的状态[1]，以及主张财产损害赔偿（如寻找失踪子女所支出的费用）和精神损害赔偿[2]。

最后，对于《民法典·总则编》作了规定，但《民法典·婚姻家庭编》尚未作规定的那部分身份权，涉及身份利益的，适用《民法典·总则编》的规定，并参照适用《民法典·婚姻家庭编》的规定。

---

[1] 参见王泽鉴：《民法总论》，北京大学出版社2009年版，第114页。
[2] 参见《最高人民法院关于确定民事侵权精神损害赔偿责任若干问题的解释》（法释〔2001〕7号）。

第二章 生命权、身体权和健康权

本章导言 ▶

本章规定的生命权、身体权和健康权,学界一般称为物质性人格权。[1] 但物质性人格权有将人格权物质化的嫌疑,故本书称之为生物型人格权。[2] 加上禁止性骚扰和行动自由的规定,本章事实上规定了生物型、自由型两大人格权类型。除对生物型人格权、自由型人格权作出规定外,本章还明确了生物型人格权处于危难情形时的法定救助义务,并对人体科技背景下的人体组成部分捐献、临床试验以及从事与人体基因、人体胚胎有关的医疗和科研行为作出了调整。

第一千零二条 自然人享有生命权。自然人的生命安全和生命尊严受法律保护。任何组织或者个人不得侵害他人的生命权。

释 义

本条是关于生命权内容和绝对性的规定,旨在确定生命权的内容和边界,禁止对他人生命安全和生命尊严的侵害,宣示生命权的不可侵性。至于侵害生命权的损害赔偿责任,应依《民法典·侵权责任编》相关规定确定。而停止侵害、排除妨碍、消除危险、恢复名誉等请求权则可诉诸《民法典》第995条、

---

[1] 参见张俊浩主编:《民法学原理》(上册),中国政法大学出版社2000年版,第139页;温世扬:《略论人格权的类型体系》,《现代法学》2012年第4期。

[2] 参见房绍坤、曹相见:《〈民法典人格权编(草案)〉的贡献与使命》,《山东大学学报(哲学社会科学版)》2019年第6期。

第 997 条处理。

值得注意的是,学界普遍认为人格权缺乏积极权能,从而只能作禁止侵害式的规定。但只要认识到人格权的"受尊重权"属性,把作为权利对象的人格自由区别于对物支配,则人格权虽然不能放弃、不得转让、不得继承,但人格自由本身就是一种积极权能,从而需要法律明确内容、划定边界。

一、生命安全及其表达

关于生命安全的具体内容,学界多在强调生命维持权的同时,也强调生命利益的有限支配。① 还有学者认为,司法保护请求权也应包含在内。② 但生命作为法律上不可放弃的价值,即便是有限支配也有违其伦理属性,且未必有立法实益,更可能产生负面效果。③ 因此,从支配的角度来理解生命权并不妥当。

事实上,认为生命权是对生命的依法支配,既是对生命自由与对物支配的混淆,也是对权利客体的误解:哲学上的主、客体关系体现为支配关系,但法律作为调整人与人之间关系的实践科学,具有"主体—主体"和"主体—客体"的双重结构。④ 二者分别对应于权利的规范性/事实性、形成机制/自由领域、权利客体/权利对象。作为一种权利的形成机制,权利客体并不体现其支配性。

因此,从受尊重权的角度,以自由维持和积极防御(如正当防卫等)作为"生命安全"的内容是妥当的。当然,这主要是从民事权利角度来说的,就作为宪法权利的生命权而言,任何人非经正当程序和依法审判,国家不得剥夺其生命。

二、规定生命尊严的意义

传统学说之所以承认生命利益的有限支配,主要还是想对献身、安乐死等问题作出说明。"现代人格权法理论主张有限制的生命利益支配权,认为生

---

① 参见王利明:《人格权法研究》,中国人民大学出版社 2018 年版,第 267—270 页;姚辉:《人格权法论》,中国人民大学出版社 2011 年版,第 151 页;郭明瑞:《民法总则通义》,商务印书馆 2018 年版,第 169 页。

② 参见杨立新:《人格权法》,法律出版社 2011 年版,第 348 页。

③ 参见温世扬:《民法典人格权编草案评议》,《政治与法律》2019 年第 3 期。

④ 参见任平:《马克思主义交往实践观与主体性问题》,《哲学研究》1991 年第 10 期。

命尽管对于个人来说具有最高的人格价值,但是当个人认识到个人的生命利益与社会公共利益相比,后者具有更高的价值的时候,权利主体若自愿放弃自己的生命利益,乃是对于自己生命利益的处分。"①由于该主张与生命的无价性和人格权非财产性相悖,故不可取。

于此背景下,生命尊严理论应运而生。如有学者指出,生命权不仅要维护物理意义上的生命延续,更要追求生命的高质量,即人在生命质量非常低下的时候,有权按照自己的意愿尊严地离开。② 确实,越来越多的学者认识到生命的尊严层面,认为生命不仅有生物(自然)生命,还包含精神(伦理)生命。③ "伦理生命是相对于自然生命而言的自由生命。从自然生命到伦理生命(或自由生命)是生命自身的质的变化和提升。"④因此,本条规定生命尊严,是对学说发展的肯定与确认。

运用生命尊严可以更好地解释为国家、正义而献出自己的生命的献身行为。人是伦理的存在,道德是实践活动的根基。正因为道德的重要性,康德虽然在《纯粹理性批判》中将上帝、灵魂归为无法认识的物自体,但在《实践理性批判》中又认可上帝不死、灵魂不朽。法律理性必须兼顾道德的正当性,献身虽然牺牲了作为存在的自然生命,但因其本身的道德性而成为作为尊严的精神生命的体现。献身与自杀的区别是,前者基于一种客观的善,此种善是人的本性所追求的,如为民族解放而献身;后者则是主观缺乏毅力的体现,与人的本性的善相悖。

而阻止他人自杀、无谓牺牲的行为,因具有维护生命安全的正当性,而不属于对他人自由的干涉。⑤

三、安乐死的合法性基础

安乐死是对死亡方式的描述,意指无痛苦死亡。一般所谓的安乐死,是指患不治之症的病人在垂危状态下,由于精神和躯体的极端痛苦,在病人和其亲

---

① 姚辉:《人格权法论》,中国人民大学出版社 2011 年版,第 152 页。
② 参见马俊驹:《人格和人格权理论讲稿》,法律出版社 2009 年版,第 251 页。
③ 参见易军:《生命权:藉论证而型塑》,《华东政法大学学报》2012 年第 1 期。
④ 任丑:《生命与伦理如何生成为伦理生命》,《吉林大学社会科学学报》2016 年第 1 期。
⑤ 参见曹相见:《人格权法定的宪法之维与民法典编纂》,《浙江社会科学》2020 年第 2 期。

友的要求下,经医生认可,用人道方法使病人在无痛苦状态中结束生命过程。① 这就是通常所谓的消极安乐死,即生命缺乏正常维持前提的无痛苦死亡。由于本条规定了生命尊严,消极安乐死的合法化又前进了一大步。

其一,生命尊严可以为消极安乐死提供合法性基础。虽然生命本身是目的的存在,维持生命安全是生命权第一要务,但生命本来就离不开死亡。"生命包含着、预示着死亡,向着死亡而生存并在最终走向死亡的过程中完成自身。任何死亡都是生命的死亡,任何生命都是死亡着的生命。死亡和生存是贯穿生命始终的生命程序的内在本质规定。"②因此,当生命延续已经无望、死亡即将来临,生命的安全价值荡然无存,与其痛苦地走向毁灭,不如无痛地、尊严地走向死亡。

其二,司法机关对消极安乐死持同情态度。在"中国安乐死第一案"中,王明成因为身患绝症的母亲实施安乐死,被检察机关以故意杀人罪提起公诉。后最高人民法院批复陕西省高级人民法院:"你院请示的蒲连升、王明成故意杀人一案,经高法讨论认为,'安乐死'的定性问题有待立法解决,就本案的具体情节,不提'安乐死'问题,可以依照刑法第十条的规定,对蒲、王的行为不做犯罪处理。"因此,在被关押1年3个月后,王明成被法院宣告无罪释放。

正因为如此,民法学者多认为,本条可为消极安乐死提供正当化依据。③但即便如此,本条尚不能成为消极安乐死的法律依据。因为作为决定生死的人之大事,安乐死还涉及严格的程序设计,而这应由汇聚民意、体现民主的立法作出明确规定。

第一千零三条　自然人享有身体权。自然人的身体完整和行动自由受法律保护。任何组织或者个人不得侵害他人的身体权。

释　义

本条是关于身体权内容和绝对性的规定,旨在确定身体权的内容和边界,

---

① 参见韩大元:《论安乐死立法的宪法界限》,《清华法学》2011年第5期。
② 任丑:《死亡权:安乐死立法的价值基础》,《自然辩证法研究》2011年第2期。
③ 参见石佳友:《人格权立法的进步与局限》,《清华法学》2019年第5期;杨立新:《人格权编草案二审稿的最新进展及存在的问题》,《河南社会科学》2019年第7期。

禁止他人对身体权的侵害。至于侵害身体权的损害赔偿责任,应依《民法典·侵权责任编》相关规定确定。而停止侵害、排除妨碍、消除危险、恢复名誉等请求权则可诉诸《民法典》第995条、第997条处理。

虽然关于身体权的争议历史上早已有之,但其与健康权相互区别也有广泛共识。对此,张俊浩教授置有高见:"身体权与健康权密切相连,然而这两项权利的内容却非同一。身体权所保护的客体是肢体、器官和其他组织的完满状态;而健康权的保护客体则是各个器官乃至整个身体的功能健全。"[1]正因为如此,《人格权编(草案)》(一审稿)打破既有惯例,赋予身体权独立地位。

一、身体完整与身体尊严

关于身体权内容的认识,我国台湾地区学者多侧重身体的安全或完整。[2]大陆学者则多强调主体对身体的支配。例如,张俊浩教授认为:"身体权是自然人对其肢体、器官等的支配权。"[3]这一认识获得了理论与实践的广泛认同。[4] 对于此种不同,可能的原因是,台湾地区学者多沿袭民国学者关于身体权的定义,而依当时的科技发展,器官捐献等人体分离技术尚不发达,故多侧重身体的安全与完整。而就大陆学者而言,由于其对身体权的关注主要在20世纪80年代以后,此时器官捐献、人体科技等发展迅速,故多强调身体权的支配性。

但身体权既然属于人格权,就不应像物权一样具有支配属性。如同生命权具有尊严属性一样,身体权也具有伦理属性。维护身体完整,既是生命的必要组成,也是健康的基础,构成人格的生物依托。而在人体组织、人体器官的捐献等情形,则因行为的道德性而认为其为维持身体完整的人格自由,无须借道于支配权的支配属性。也就是说,身体权也存在身体的尊严要素。相应地,

---

[1] 张俊浩主编:《民法学原理》(上册),中国政法大学出版社2000年版,第144页。

[2] 参见史尚宽:《债法总论》,中国政法大学出版社2000年版,第148页;龙显铭:《私法上人格权之保护》,中华书局1949年版,第59页;王泽鉴:《人格权法》,北京大学出版社2013年版,第101页。

[3] 张俊浩主编:《民法学原理》(上册),中国政法大学出版社2000年版,第143页。

[4] 参见王利明、杨立新、姚辉:《人格权法》,法律出版社1997年版,第74页;李锡鹤:《民法原理论稿》,法律出版社2012年版,第515页;海南省海口市中级人民法院(2015)海中法民一终字第139号民事判决书。

自残行为则因不具有伦理上的正当性,虽然事实上无法避免,但法律绝不认可和提倡。①　正是在这个意义上,《人格权编(草案)》(委内稿)一改"室内稿"的做法,不再强调身体的"支配"属性,表明立法者对身体权伦理属性的强调与回归。

二、身体权不包含行动自由

值得注意的是,自"室内稿"开始,《人格权编(草案)》一直将"行动自由"规定为身体权的内容。也许,立法者认为,身体与自由紧密关联,有身体即有行动自由,无身体则无行动自由,因而将二者并列规定。但这种做法其实有失妥当。

其一,就内涵而言,身体权旨在维持"身体完整",其虽然也包含尊严要素,但也只是"身体尊严",其与行动自由截然二物。丧失行动自由与伤害身体的关系,如同丧失劳动力一样,其实都是身体被侵害后的间接损失。②

其二,就体系而言,在《民法典》第 1011 条已专门规定行动自由的情况下,如此定义身体权也会模糊身体权的边界。有鉴于此,应限缩解释本条关于身体权的定义,使身体权成为保护"身体完整"和"身体尊严"的权利。

三、身体认定的特殊情形

身体指人的整个肉体的完整,包括体外的躯体与四肢,体内的器官及牙齿等。③　侵害身体权的典型行为,就是针对身体有形组织的侵害,但"加他人以暴行,虽未发生伤害结果,例如面唾他人、当头浇粪、未致伤害之殴打,可为身体权之侵害"④。此外,强为接吻、强制性交也属于身体权侵权行为,因其虽未破坏肉体的完整,但已实际侵害他人的身体尊严,自然应当承担法律责任。⑤而身体的认定,尚有如下特殊情形(捐献人体组成部分以及从事与人体基因、人体胚胎相关的医疗与科研活动,参见本书关于《民法典》第 1006 条、第 1009

---

① 　参见曹相见:《人格权法定的宪法之维与民法典编纂》,《浙江社会科学》2020 年第 2 期。
② 　参见曹相见:《人格权法定的宪法之维与民法典编纂》,《浙江社会科学》2020 年第 2 期。
③ 　参见王泽鉴:《人格权法》,北京大学出版社 2013 年版,第 101 页。
④ 　史尚宽:《债法总论》,中国政法大学出版社 2000 年版,第 148 页。
⑤ 　就强制性交而言,认为侵害的是性自主权的主张也是有力学说(参见张红:《性侵之民事责任》,《武汉大学学报(哲学社会科学版)》2019 年第 1 期;陈运华:《论作为人格权的性权利及其法律规制》,《政治与法律》2008 年第 9 期),但其显然未认识到身体上的尊严意义。

条的释义)。

(一) 假肢、假牙

假肢、假牙已构成肢体一部而不可分离的,也属于身体的一部分,而得自由装卸者不属于身体。[1] 因为假肢、假牙虽然不是身体自然所生,但其与身体浑然一体,实质发挥身体一部分的功能;而自由装卸者既不是与身体浑然一体,则仍应认为是体外辅助器具而已。

(二) 对身体的检查

因安全维护、财产保护的需要,在机场、车站和某些特定场所(如超市),往往需要进行安检或体检。其以身体或身体组成部分(如血液)的检查为内容,无论检查主体是否为国家机关,在符合比例原则的合理限度内,均有其合理性,从而构成对身体权的限制。如在"肖凰国与深圳市甘露珠宝首饰有限公司一般人格权纠纷案"中,法院认为:"被告的保安员系在原告下班时使用金属探测仪器对其进行检测,并非采取非法搜身的行为。被告作为黄金首饰的生产、加工企业,为防止员工偷盗金料,依据行业惯例及内部管理制度,在不侵害员工人身自由、人格尊严的前提下,采用金属探测仪器等工具,对出厂员工进行检查,并无不妥。"[2]但不当身体检查仍因侵害身体尊严而具有不法性。

值得注意的是,《民法典》本条已规定身体权的情况下,又于第 1011 条规定禁止"非法搜查他人身体",构成法条重复。在解释上,非法搜查他人身体应以本条为依据。

(三) 与身体分离的人体组成部分

在现代科技条件下,身体器官、精子、卵子等可与身体分离,则这些与身体分离的身体部分是否仍为身体? 对此,德国法上的"冷存精子销毁案"颇具启发意义。本案中,原告因手术无法生育,为保存生育的可能性,特在术前请被告摘取精子,并加以低温保存。后精子不幸灭失,原告婚后欲取用时方知此事,于是诉至法院。联邦法院判决原告胜诉,认为:"此等将身体部分先为分离,再为结合,依权利主体者的意思,乃在维护或实现身体的功能,仍属权利主体者的自主决定权。因此,从法律规范目的的观点言,应认此等部分在其与身体分离期间,仍与身体构成功能上的一体性。对此等分离部分的毁损灭失,系

---

[1] 参见梁慧星:《民法总论》,法律出版社 2017 年版,第 93 页。

[2] 广东省深圳市罗湖区人民法院(2011)深罗法民一初字第 563 号民事判决书。

对身体的侵害。"①

对此,我国学者也有认识。如李锡鹤教授认为:"自然人之断指、断肢,非身体之一部;如可再植,属准人身;再植成活后,为身体之一部。捐献之器官、组织,与供体分离后,属准人身,非供体之一部;移植后,为受体之一部。"②还有学者认为,与身体分离的身体部分,仍可能属于身体之一部分:"在判断人体组成部分的性质时,自由意志占据了主导地位……只要权利人没有作出明确的捐献、抛弃的意思表示,亦应肯认其为人格的固有利益。科技在此发挥的作用,不是要使人格要素成为外在的物,而是为其提供特定的存在形态。"③

本书认为,从主体意志和功能一致性角度来判断与身体分离的身体部分的性质,抓住了人格的伦理本质,契合身体权上身体尊严的要求,颇值赞同。

第一千零四条 自然人享有健康权。自然人的身心健康受法律保护。任何组织或者个人不得侵害他人的健康权。

释 义

本条是关于健康权内容和绝对性的规定,旨在确定健康权的内容和边界,禁止他人对健康权的侵害。在体系上,本条主要为健康权内容的规定。至于侵害健康权的损害赔偿责任,应依《民法典·侵权责任编》相关规定确定。而停止侵害、排除妨碍、消除危险、恢复名誉等请求权则可诉诸《民法典》第995条、第997条予以处理。

一、身心健康包括身体健康和精神健康

通说认为,健康权是自然人以其器官乃至整体的功能利益为内容的人格权。④ 在讨论身体权的内容时,学界通常使用"生理健康""心理健康"两个概念。围绕身体权是否包含心理健康,学界存在两种不同意见。第一种意见虽

① 王泽鉴:《人格权法》,北京大学出版社2013年版,第103页。
② 李锡鹤:《民法原理论稿》,法律出版社2012年版,第515页。
③ 房绍坤、曹相见:《〈民法典人格权编(草案)〉的贡献与使命》,《山东大学学报(哲学社会科学版)》2019年第6期。
④ 参见张俊浩主编:《民法学原理》(上册),中国政法大学出版社2000年版,第144页。

然肯认心理健康受法律保护,但又否认心理健康为身体权的内容。① 此为少数说。第二种意见则认为,健康权的健康不限于器质健康,而且包括功能健康;不限于生理健康,亦包括心理健康。② 此为主流学说。

从本条"身心健康"的立法表达上看,立法者采纳了通说主张。应当指出的是,所谓心理健康,是指作为身体机能体现的"精神健康",而非某种"心理状态"。正因为如此,王泽鉴教授说:"健康,指人之生命过程的功能,与其相对者,系'疾病',因此关于健康的侵害,应依当前医学加以认定。"③温世扬教授直言,"精神健康"不等于"心理健康",精神性疾病与心理的痛苦、焦虑、抑郁等状态不同,前者影响了人体机能的正常发挥,后者则是心理上的不舒服状态,任何人均可能有之,不宜纳入健康权的范畴。④

就司法实践而言,对他人心理的侵害,也只有在导致精神性疾病时,才能获得法院支持。当然,导致此种精神性疾病的原因,既可能是语言谩骂、身体威胁,也可能是对权利人行为的蛮横阻挠。如在"朱某与朱连海生命权、健康权、身体权纠纷案"中,法院认为:"被告的谩骂、训斥、恐吓、威胁行为,导致原告出现急性而短暂精神性障碍,伴急性应激,已构成侵权。"⑤在"韩某1等与李某3生命权、健康权、身体权纠纷案"中,法院认为:"原告与被告韩某1、丁某1、李某1虽没有肢体上的接触,但韩某1手拿棒球棒和丁某1、李某1在李某3的寝室外对李某3进行恐吓、威胁,促使李某3病情发生,因此被告韩某1、丁某1、李某1应负完全责任。"⑥

又如,在"梁秋荣与梁石根、周陈芳生命权、健康权、身体权纠纷案"中,因梁秋荣在建的围墙存在过界,梁石根、周陈芳夫妻采取拆除模板、砸坏围墙、堵塞化粪池和下水管道、毁损摄像头等方式予以阻止,梁秋荣先后七次进行报警处理。后梁秋荣因身体不适被送至医院,经诊断为慢支、反应性抑郁症。法院认为,"梁秋荣现已年近85周岁,并患有慢支,梁石根、周陈芳理应预见到其行为可能对梁秋荣带来伤害,但是该两被告依然多次与梁秋荣发生纠纷,足以认定梁

① 参见李锡鹤:《民法原理论稿》,法律出版社 2012 年版,第 514 页。
② 参见张俊浩主编:《民法学原理》(上册),中国政法大学出版社 2000 年版,第 144 页;史尚宽:《债法总论》,中国政法大学出版社 2000 年版,第 148 页。
③ 王泽鉴:《人格权法》,北京大学出版社 2013 年版,第 106 页。
④ 参见温世扬:《民法典人格权编草案评议》,《政治与法律》2019 年第 3 期。
⑤ 河北省唐山市中级人民法院(2013)唐民四终字第 138 号民事判决书。
⑥ 吉林省白城市中级人民法院(2017)吉 08 民终 875 号民事判决书。

秋荣于 2017 年 12 月 25 日入院治疗与该两被告的侵权行为存在因果关系。"①

二、健康权具有尊严属性,不属于支配权

与生命权、身体权不同,健康作为一种身体机能,似乎天然缺乏支配属性。对此,民法学界确实存在更多反对意见,但认为健康权为支配权的主张仍占主流地位。② 对此,有学者解释道:"民法上的支配权不仅意味着对客体的任意支配,只要是绝对权,就应该具有支配性,只是因为各种权利的类型不同,所以支配的效力和范围也不同。"③

但实际上,健康权具有尊严属性,它不是支配权。

其一,认为健康权属于绝对权实为误解:绝对权描述的是法律关系中的义务人的不特定性,支配权则旨在说明权利对象(如物)的属性,二者属于不同层次的法律概念。遗憾的是,我国学者在描述支配权时,往往既侧重权利人对权利对象(即所谓的权利客体)的支配,又强调支配权的排他效力,因而造成了这种假象:支配权属于绝对权,人格权亦属绝对权,因此人格权亦为支配权。④

其二,即便在为研制新药、医疗器械的临床试验中,虽然可能将人体健康置于某种不确定的风险之中,但此种行为并非对健康的放弃,而是为寻求健康而作的新探索,是在为个人、为他人健康做贡献,其正当性无须借道"支配权",从人格权的伦理属性本身即可获得答案。因此,与生命权、身体权一样,健康权也具有尊严属性。其后果就是,临床试验的试验者对受试人因试验所受损害负无过错治疗义务。正是在这个意义上,我们说人格权是"受尊重权"。

三、劳动能力不属于健康权的内容

在讨论健康权内容时,一种流行的意见认为,劳动能力也是健康权的内容,⑤

---

① 广东省中山市第一人民法院(2018)粤 2071 民初 4446 号民事判决书。
② 参见李锡鹤:《民法原理论稿》,法律出版社 2012 年版,第 513 页;马俊驹:《人格和人格权论稿》,法律出版社 2009 年版,第 254 页;姚辉:《人格权法论》,中国人民大学出版社 2011 年版,第 153 页;杨立新:《人格权法》,法律出版社 2011 年版,第 371 页。
③ 王利明:《人格权法研究》,中国人民大学出版社 2018 年版,第 325 页。
④ 所以说,"将绝对性作为支配权的核心要素,容易使人错误地将支配权等同于绝对权"(汪渊智:《支配权略论》,《晋阳学刊》2015 年第 2 期)。
⑤ 参见马俊驹:《人格和人格权论稿》,法律出版社 2009 年版,第 254 页;杨立新:《人格权法》,法律出版社 2011 年版,第 371 页。

其理由多以劳动能力不具有独立人格利益地位为基础。① 但劳动能力是否属于独立的人格权或人格利益,并非其为健康权内容的充分条件。一般所讲劳动权,是公民向国家主张的宪法权利,即要求国家保障公民享有劳动的机会。

在民法上,劳动能力不是作为权利存在的,而是作为未权利化的自由存在,自然不属于健康权的内容。事实上,丧失劳动能力不过是侵害健康权的纯粹经济损失,如同侵害身体权也可能导致生命权、健康权损害一样,我们并不因此将生命权、健康权纳入身体权的内容。

第一千零五条 自然人的生命权、身体权、健康权受到侵害或者处于其他危难情形的,负有法定救助义务的组织或者个人应当及时施救。

释 义

本条是关于生物型人格权法定救助的规定。本条的内容包含救助义务的主体、救助义务的要件、救助义务的后果以及举证责任四个方面。

一、负有法定救助义务的主体

关于“法定救助义务”的理解,不能随意扩大其范围,限于法律明确规定的救助义务,以及依法律规定的当然(体系)解释得出的救助义务。而所谓的“法定”,既包含其他特别法的规定,也包含《民法典》本身的规定。

(一) 特别法上的救助主体

特别法上的救助义务往往由负有法定职责的主体承担。基于职责的法定性,其救助义务往往较为严格,包含在危险情况下予以救助的内容,但船长的救助义务相对较轻。

1.医疗机构及其工作人员。

《医疗机构管理条例》第 31 条规定:“医疗机构对危重病人应当立即抢救。对限于设备或者技术条件不能诊治的病人,应当及时转诊。”《执业医师法》第 24 条规定:“对急危患者,医师应当采取紧急措施进行诊治;不得

---

① 参见姚辉:《人格权法论》,中国人民大学出版社 2011 年版,第 153 页。

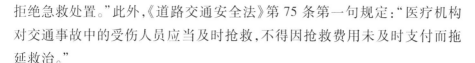

拒绝急救处置。"此外,《道路交通安全法》第75条第一句规定:"医疗机构对交通事故中的受伤人员应当及时抢救,不得因抢救费用未及时支付而拖延救治。"

2.警察、武装警察、军人和消防员。

《人民警察法》第21条规定:"人民警察遇到公民人身、财产安全受到侵犯或者处于其他危难情形,应当立即救助;对公民提出解决纠纷的要求,应当给予帮助;对公民的报警案件,应当及时查处。"《人民武装警察法》第18条规定:"人民武装警察遇到公民人身、财产安全受到侵犯或者处于其他危难情形,应当及时救助。"从上述条文的表述上看,警察、武装警察不分工作时间,只要"遇到公民人身、财产安全受到侵犯或者处于其他危难情形",就要履行救助义务。

军人则与之不同。《国防法》第58条规定:"现役军人应当发扬人民军队的优良传统,热爱人民,保护人民,积极参加社会主义物质文明、精神文明建设,完成抢险救灾等任务。"虽然该条也出现了"保护人民"的表述,但军人保护人民的方式主要是与外敌战斗,地方治安则属于警察的职责范围,因此不宜认为军人负有对公民的法定救助义务。但公民的危难情形发生于军人执行抢险救灾任务的过程中,则军人也负有法定救助义务。

就消防员而言,《消防法》第44条第4款规定:"消防队接到火警,必须立即赶赴火灾现场,救助遇险人员,排除险情,扑灭火灾。"因此,消防员仅在救火的职责范围内负有法定救助义务。

3.海事主管机关和船长。

《海商法》第174条规定:"船长在不严重危及本船和船上人员安全的情况下,有义务尽力救助海上人命。"之所以规定船长的海上救助义务,是因为航海历来存在重大风险,个人一旦发生危险即为极度之危险,若不及时施救几无生还可能。其与一般道德救助义务的区别是,只有严重危及自身安全时才得豁免,而道德救助义务则是任何时候都不具有强制性。

按举轻以明重的解释原则,既然普通船长都负有法定救助义务,国家机关更无理由不承担。对此,《交通运输部主要职责内设机构和人员编制规定》第2条第4项规定了交通运输部的"救助打捞"职责。《中国海上搜救中心水上险情应急反应程序》第1条规定的立法目的亦为:"保证对水上人命安全和水域环境受到威胁的险情做出迅速反应并组织有效的救助,以避免或减少人命伤亡"。

(二)《民法典》上的救助主体

与特别法对救助义务主体有明确规定不同,《民法典》从未明确特定主体负有"救助义务",但依据举重以明轻的当然(体系)解释原则,仍可从具体条文的体系解释中推出相关主体的法定救助义务。在这些具体规定中,或者存在亲属身份关系,或者为劳动用工关系,或者负有安全保障义务。但与特别法上的法定救助相比,《民法典》上的义务主体原则上不承担危险情况下的救助义务,父母的救助义务构成例外。

1.父母对子女的救助义务。

《民法典》第 1068 条规定:"父母有教育、保护未成年子女的权利和义务。未成年子女造成他人损害的,父母应当依法承担民事责任。"该条虽未明确规定"救助义务",但从其规定的"保护"义务上看,包括了阻止正在进行的侵权行为。当然,在此种存在危险的情形中,认定父母的救助义务尚需具备相应的救助能力。而如果是无危险的救助,依据举重以明轻的原则,父母当然无法回避。

2.夫妻之间的救助义务。

《民法典》第 1059 条第 1 款规定:"夫妻有相互扶养的义务。"虽然救助义务不同于扶养义务,但与长期的扶养义务相比,危难情况下不危及自身的救助实在是举手之劳,也是夫妻伦理的题中之义,因此在法律解释上,应肯定夫妻之间的法定救助义务。对此,《法国民法典》堪称典范,其第 212 条规定:"夫妻双方应相互忠诚、相互救助与扶助。"①

3.用人单位对其工作人员的救助义务。

《民法典》第 1191 条规定了工作人员因执行工作任务造成他人损害时用人单位的替代责任以及劳务派遣单位的过错责任,且只有在工作人员有故意或者重大过失时用人单位享有追偿权。其虽然体现了对劳动者的保护,尚不足以推出用人单位的救助义务。但经由《工伤保险条例》的体系解释,仍可推出用人单位对其工作人员的救助义务。

依《工伤保险条例》第 2 条规定,用人单位应为其工作人员缴纳工伤保险

---

① 《法国民法典》,罗结珍译,法律出版社 2005 年版,第 197 页。

费,用人单位的工作人员有权按照规定享受工伤保险待遇。① 同时,《工伤保险条例》第 62 条还规定了用人单位未按照规定参加工伤保险的法律责任。② 举重以明轻,既然用人单位应当为其工作人员缴纳工伤保险,说明用人单位对其工作场所和工作活动也负有人身安全保障义务,要求其在不危及自己安全时救助处于危难情形中的工作人员乃理所当然。

就个人劳务而言,《民法典》第 1192 条规定了提供劳务一方致害时接受劳务方的替代责任,只是在提供劳务方造成自己损害时,按照双方各自过错承担责任;在第三人侵权的场合,接受劳务方还可能承担补偿责任。既然如此,如同用人单位责任一样,使接受劳务方负有救助义务,并不违背侵权法原理。

4. 安全保障义务人的救助义务。

《民法典》第 1198 条分两种情形规定了经营场所经营者、公共场所管理者以及群众性活动组织者违反安全保障义务的侵权责任:在一因一果的情形下,由经营者、管理者、组织者承担责任;在多因一果的情形下,由第三人承担责任,经营者、管理者、组织者承担补充责任。③

安全保障义务可以分为物的安全保障义务和人的安全保障义务。由于人的安全保障义务本身就包含对正在遭受的侵权行为的阻止义务,所以从中解释出经营者、管理人和组织者的救助义务并不困难。

---

① 该条规定:"中华人民共和国境内的企业、事业单位、社会团体、民办非企业单位、基金会、律师事务所、会计师事务所等组织和有雇工的个体工商户(以下称用人单位)应当依照本条例规定参加工伤保险,为本单位全部职工或者雇工(以下称职工)缴纳工伤保险费。中华人民共和国境内的企业、事业单位、社会团体、民办非企业单位、基金会、律师事务所、会计师事务所等组织的职工和个体工商户的雇工,均有依照本条例的规定享受工伤保险待遇的权利。"

② 该条规定:"用人单位依照本条例规定应当参加工伤保险而未参加的,由社会保险行政部门责令限期参加,补缴应当缴纳的工伤保险费,并自欠缴之日起,按日加收万分之五的滞纳金;逾期仍不缴纳的,处欠缴数额 1 倍以上 3 倍以下的罚款。依照本条例规定应当参加工伤保险而未参加工伤保险的用人单位职工发生工伤的,由该用人单位按照本条例规定的工伤保险待遇项目和标准支付费用。用人单位参加工伤保险并补缴应当缴纳的工伤保险费、滞纳金后,由工伤保险基金和用人单位依照本条例的规定支付新发生的费用。"

③ 该条规定:"宾馆、商场、银行、车站、机场、体育场馆、娱乐场所等经营场所、公共场所的经营者、管理者或者群众性活动的组织者,未尽到安全保障义务,造成他人损害的,应当承担侵权责任。因第三人的行为造成他人损害的,由第三人承担侵权责任;经营者、管理者或者组织者未尽到安全保障义务的,承担相应的补充责任。经营者、管理者或者组织者承担补充责任后,可以向第三人追偿。"

5. 教育机构的救助义务。

《民法典》第 1199—1201 条规定了教育机构的侵权责任。从本质上说，教育机构的责任也是违反安全保障义务的侵权责任。因此，与经营场所经营者、公共场所管理者和群众性活动组织者相似，教育机构对其无民事行为能力人、限制民事行为能力人也负有救助义务。

二、履行法定救助义务的要件

（一）须受害人的生命权、身体权、健康权处于危难情形

就处于危难情形的人格权益而言，虽然最为危难的情形往往是对生命权的侵害，但生命权以身体权、健康权为依托，侵害身体权、健康权后若未得到及时救助，往往也会危及生命权。例如，在交通肇事的场合，基于交通工具的危险性，对身体、健康的损害若不及时予以救助，受害人仍将失去生命。为此，《刑法》特别规定行为人的救助义务，使其在逃逸后适用更重的刑罚。①

（二）须基于法定职责或身份进行救助

以是否危及救助人的安全为标准，自然人的生命权、身体权、健康权所处的危难情形有两种：一是会危及救助人的正在遭受不法侵害、自然灾害或身患烈性传染病的情形；二是遭受不法侵害、自然灾害后或者身患无传染风险的疾病等不危及救助人的情形。相应地，法定救助义务也可以分为积极和消极两种类型。

所谓积极的法定救助义务，是指积极与正在进行的危险的不法侵害、自然灾害等斗争，以救助处于危难中的受害人的义务，警察、武装警察、军人、消防员、海事部门的专业救援力量、父母在其职责范围内负有此种义务，船长的积极救助义务则相对较轻；所谓消极的法定救助义务，则指对因遭受不法侵害、自然灾害后，或者处于疾病中等不危及自身安全的情况下，对生命权、身体权、健康权处于危难之中的受害人进行救助的义务，《民法典》中的其他救助义务

---

① 交通肇事中行为人是否负有救助义务？一种意见认为，行为人犯罪后为逃避法律追究而逃逸，对犯罪人而言又可谓"人之常情"，因此"交通肇事后逃逸加重处罚"的规定构成双重评价，应予废除（参见姜涛：《"交通肇事后逃逸加重处罚"的合宪性思考》，《比较法研究》2019年第 2 期）。但主流意见认为，逃逸规定的规范目的仅在于救助伤者，交通肇事后逃逸存在肇事与不救助两个行为。参见劳东燕：《交通肇事逃逸的相关问题研究》，《法学》2013 年第 6 期。

主体负有此类义务。就医师而言,虽然一般情况下的救治行为并无危险,但在突发公共卫生事件,高度传染性、致命性疾病随时可能危及人的安全,因此也属于负有积极救助义务的主体。

（三） 须救助义务人具有救助能力

负有法定职责或身份的救助义务人,也可能存在能力丧失的情形,此时不宜苛求救助义务人履行与其职责、身份相应的救助义务,而应令其履行与其当时能力相当的救助义务。例如,警察在与歹徒搏斗时受伤无法制止犯罪行为,但只要及时向总部报告,向周围同事、群众求援,亦应认为已尽法定救助义务。又如,夫妻一方落水,另一方不会游泳,即不能要求岸上一方下水救人,只要其报警或向他人求救即可认为履行了救助义务。法律不强人所难,在法定救助义务上也不例外。

三、履行法定救助义务的后果

自愿实施的救助行为适用无因管理规则[1],履行法定救助义务不属于无因管理,自不得适用无因管理规则。但就行为人的报酬请求权、费用偿还请求权、损害赔偿请求权而言,尚需进行类型分析。

（一） 报酬请求权

其一,就警察、武装警察、军人、消防员而言,与犯罪斗争、抢险救灾、救援灭火为其本职所在,国家又有相应的经费和制度保障,不应享有救助行为的报酬请求权。

其二,海难救助较为特殊,因救助主体为主管机关或船长而有不同。关于主管机关的海难救助报酬请求权,限于财产救助。在人命救助上,主管机关不宜享有报酬请求权。

就船长的救助行为而言,在传统海难救助法律体系中,人命救助报酬始终依附于财产救助报酬与环境救助报酬,无法获得独立的救助报酬。但考虑到海难救助的特殊环境和巨大风险,为事实公平和社会功能计,应承认独立的人命救助报酬并建立报酬支付制度体系。[2]

其三,就医疗机构以及医师而言,由于其并非国家公务员,而是承担公益

---

① 参见关涛:《救助他人行为的私法构造》,《法学》2017 年第 9 期。

② 参见袁曾:《海难人命救助的法律义务与现实困境之间矛盾的破解》,《政治与法律》2020 年第 1 期。

职责的事业单位,同时与患者又存在医疗服务合同,因此依合同解决费用问题即可,无须单列报酬请求权。

其四,就其他私主体而言,无论是否存在身份关系抑或安全保障义务,救助既然是一种法定义务,救助人自然无要求报酬的道理。

（二）费用返还请求权

虽然费用返还请求权与报酬请求权互相独立,但必要费用的支出是履行救助义务的必要成本,因此二者在规范目的上具有一致性。由于救助义务是法定的,所以费用返还请求权的有无应与报酬请求权相同。值得注意的是,船长在海上履行救助义务往往成本巨大,因此不同于其他主体,应享有费用返还请求权,但其往往包含于报酬请求权当中。

（三）损害赔偿请求权

法律规定救助义务的目的,旨在为危难中的受害人提供救助,除因履行救助义务的轻微费用外,无意使救助人承担遭受人身伤害和财产损失。因此,法定救助义务人的损害赔偿请求权具有独立性。而在履行救助义务时,无论积极的法定救助,还是消极的法定救助,损害均在所难免。但因警察、武装警察、军人、消防员、海事主管机关执行职务遭受损害时由国家提供救济和保障,故无损害赔偿请求权。医生虽非公务员,但因其负有救死扶伤的法定职责也不得主张损害赔偿请求权。夫妻、父母与子女则因夫妻共同财产制、家庭共同财产制的原因,无法也无须享有损害赔偿请求权。因此,只有船长、用人单位、安全保障义务人、教育机构享有损害赔偿请求权。

四、法定救助义务人的举证责任

船长的报酬请求权以救助成功为限,提起请求时应证明其实施了救助行为。但法定救助人提起损害赔偿请求权时应负何种举证责任?其一,对其所受损害承担证明责任。若无法证明损害存在,则承担举证不利败诉的后果。其二,证明自己实施了救助行为。值得注意的是,即便此种救助行为具有强制性,但仍不失其道德性,因此在救助人进行举证后,被救助人若提出抗辩应承担举证不能的法律后果。其三,就救助行为与损害之间的因果关系负举证责任。当然,若被救助人认为救助人的不当救助导致其损害,则应证明救助人存在故意或者重大过失,此与不当无因管理的规则类似。

第一千零六条　完全民事行为能力人有权依法自主决定无偿捐献其人体细胞、人体组织、人体器官、遗体。任何组织或者个人不得强迫、欺骗、利诱其捐献。

完全民事行为能力人依据前款规定同意捐献的,应当采用书面形式,也可以订立遗嘱。

自然人生前未表示不同意捐献的,该自然人死亡后,其配偶、成年子女、父母可以共同决定捐献,决定捐献应当采用书面形式。

释　义

本条是关于人体组成部分、遗体捐献的规定。人体组成部分包含人体细胞、人体组织和人体器官。所谓人体组织,是指角膜、骨髓等组织;所谓人体器官,是指具有特定功能的心脏、肺脏、肝脏、肾脏或者胰腺等器官的全部或部分。在人体各组成部分的捐献中,人体细胞、人体组织捐献于自然人健康影响较小,因此多为活体捐献;人体器官捐献因对自然人健康影响较大,故以尸体捐献为主。遗体的捐赠虽可在生前作捐献的决定,但本质上仍属于尸体捐献。活体捐献体现了身体尊严,尸体捐献则涉及公序良俗。理解本条应从捐献的自主与无偿原则、捐献的主体与受体、尸体捐献的同意规则三部分入手。

一、捐献的自主与无偿原则

(一) 自主捐献原则

虽然人体组成部分的捐献体现了利他主义的崇高道德,但捐献人享有自主选择是否捐献的自由。这是身体尊严的体现。

1. 自主决定的内涵。

所谓自主决定,又称知情同意、明示同意,即对于活体捐献而言,需要本人了解摘取手术的过程、风险及可能的后果等信息后作出同意的意思表示。自主决定原则是人体组成部分捐献合法性的首要尺度,体现了对捐献者身体尊严的尊重和保护。在尸体捐献中,由于死者丧失了主体资格,遗体成为近亲属占有的自然之物,所以死者生前意思无法发生法律效力,但法律仍会尊重死者的生前意愿。为保障捐献的自主决定,本条第 1 款第二句规定:"任何组织或者个人不得强迫、欺骗、利诱其捐献。"

2. 自主决定的形式。

按照本条第 2 款规定,同意捐献应当采用书面形式,或以遗嘱为之。法律之所以作此要求,主要还是因为人体组成部分、遗体捐献事关重大,非有明确、肯定的意思表示不可,而明确、肯定的意思表示只能采取特定形式。值得注意的是,活体捐献不同于尸体捐献,其同意捐献的意思表示具有严格的人身性质,在民法法理下还应受到禁止让渡或代理行使的限制。①

3. 自主决定的保障。

人体组成部分(尤其是器官)移植被誉为现代医学之巅,其原理、风险不易为常人掌握。因此,即便不存在强迫、欺骗、利诱,但由于主体间信息上的不对称,也会妨碍捐献人的自主决定。为此,应从三方面予以保障。

其一,医疗机构应履行充分告知义务,使捐献人对捐献事项充分知情。如《人体器官移植条例》第 19 条第 1 款规定:"从事人体器官移植的医疗机构及其医务人员摘取活体器官前,应当履行下列义务:(一)向活体器官捐献人说明器官摘取手术的风险、术后注意事项、可能发生的并发症及其预防措施等,并与活体器官捐献人签署知情同意书;(二)查验活体器官捐献人同意捐献其器官的书面意愿、活体器官捐献人与接受人存在本条例第十条规定关系的证明材料;(三)确认除摘取器官产生的直接后果外不会损害活体器官捐献人其他正常的生理功能。"

不唯如此,为避免心理因素妨碍自主决定的作出,在履行告知义务前,禁止医疗机构及其医务人员使用鼓励达成目标的诱导行为,例如讨论当前的情形、做血液检查、做组织相容性或健康适应性的检查等。②

其二,捐献人的自由撤销同意捐献的意思。《人体器官移植条例》第 8 条第 1 款规定:"捐献人体器官的公民应当具有完全民事行为能力。公民捐献其人体器官应当有书面形式的捐献意愿,对已经表示捐献其人体器官的意愿,有权予以撤销。"捐献既非让与,也非赠与,因此不受法律行为约束。为保障捐献人的自由,应允许其随时予以撤销。《人格权编(草案)》(一审稿)也曾

① 参见余能斌、涂文:《论人体器官移植的现代民法理论基础》,《中国法学》2003 年第 6 期;郭自力:《论器官移植的法律问题》,《中外法学》1998 年第 5 期。
② 参见蔡昱:《对活体器官捐献者的保护原则及立法建议》,《山东大学学报(哲学社会科学版)》2012 年第 6 期。

规定捐献人的撤销权。

其三,同意应当经过伦理委员会的审查。在摘取活体器官或者尸体器官捐献人死亡前,负责人体器官移植的执业医师应当向所在医疗机构的人体器官移植技术临床应用与伦理委员会提出摘取人体器官审查申请。《人体器官移植条例》第 18 条规定:"人体器官移植技术临床应用与伦理委员会收到摘取人体器官审查申请后,应当对下列事项进行审查,并出具同意或者不同意的书面意见:(一)人体器官捐献人的捐献意愿是否真实……经 2/3 以上委员同意,人体器官移植技术临床应用与伦理委员会方可出具同意摘取人体器官的书面意见。"

4. 自主决定的限制。

虽然捐献行为是身体尊严的体现,捐献人可以自主决定。但为保护捐献人的健康,法律对其设有两重限制。一是,确立尸体捐献优先原则。与人体细胞、人体组织不同,器官捐献对身体损害较大,因此,只有在从死者身上不能获得合适的器官或组织,并且无其他具有同等功效的医疗方法时,才允许活体捐献。二是,优先考虑供体原则。这意味着,在活体捐献中,捐献者的身体健康和生命安全应当受到优先考虑,任何可能导致捐献者必须依靠医疗帮助继续生存的器官捐献都应该禁止。[①] 这也为《人格权编(草案)》(委内稿)第 16 条第 2 款所规定。[②]

（二）无偿捐献原则

与自主决定原则一样,无偿原则也是身体尊严的体现。但是,无偿捐献不等于不能有任何费用。基于人道主义的考虑,同时也是基于鼓励捐献的目的,人体捐献还应当获得物质补助。此种补助的归属,在活体捐献中属于捐献人,在尸体捐献中属于近亲属共有,而非遗产。[③] 其范围应当包括医疗费、误工费、营养费等。[④]

此外,还有学者认为,补偿应包含对捐献行为的奖励,并给予器官捐献者

[①]　参见蔡昱:《对活体器官捐献者的保护原则及立法建议》,《山东大学学报(哲学社会科学版)》2012 年第 6 期。

[②]　本款规定:"因捐献人体细胞、人体器官、人体组织所实施的提取或者摘取行为不得危及自然人的生命,也不得损害除提取或者摘取行为产生的直接后果之外的正常生理功能。"

[③]　参见河南省扶沟县人民法院(2017)豫 1621 民初 1238 号民事判决书;河南省开封市中级人民法院(2012)汴民终字第 325 号民事判决书。

[④]　参见焦艳玲:《生物科技研究中人体组织提供者补偿模式研究》,《法律科学》2011 年第 1 期。

及其家属在日后需要器官移植时优先获得器官供给权。① 该做法既有利于避免人体组成部分、遗体捐献的伦理难题,又有利于鼓励捐献行为,以缓解当下的供需难题,颇值得赞赏。

二、捐献的主体与受体

(一) 捐献的主体

一般而言,活体捐献限于完全民事行为能力人,是各国的通常做法。但未成年人的活体捐献也并非绝对禁止,而是存在更严格的限制。世卫组织《人体细胞、人体组织和器官移植指导原则》第 4 条规定:"除了在国家法律允许范围内的少数变通例外情况,不可出于移植目的在未成年活人身上摘取任何细胞、组织或器官。"而各国器官移植立法也通常将未成年人器官捐赠的受赠人限定为家庭直系亲属。②

《人格权编(草案)》(室内稿)第 11 条曾规定:"具有完全民事行为能力的自然人有权依法自主决定无偿捐献其人体细胞、人体组织、人体器官、遗体。无民事行为能力人或者限制民事行为能力人所作的无偿捐献应当由其法定代理人同意。"但此规定在"委内稿"中删除后就再未出现,体现了我国立法对未成年人活体捐献的谨慎态度。当然,如果是尸体捐献,则未成年也不在禁止之列。

(二) 捐献的受体

基于尸体捐献优先原则,同时也是为了防止器官买卖行为,活体捐献的范围受到严格限制。《人体器官移植条例》第 10 条规定:"活体器官的接受人限于活体器官捐献人的配偶、直系血亲或者三代以内旁系血亲,或者有证据证明与活体器官捐献人存在因帮扶等形成亲情关系的人员。"

实践中还存在"交叉移植"的特殊情形,即在两个独立的受体家庭中,作为家庭成员的供体均不符合移植要求,但交叉移植则符合要求。应当认为,交叉移植符合现行法的规定。一方面,从文义上看,交叉移植既然可拯救两个家庭,当然属于"因帮扶等形成亲情关系"的范围。另一方面,从规范目的上看,

---

① 参见龚波:《人体器官获取行为的法律规制及其模式选择》,《法制与社会发展》2014 年第 3 期。

② 参见郏立军:《未成年人器官捐赠研究》,《青少年犯罪研究》2013 年第 5 期。

法律限缩活体捐献受体范围的目的,就是为了禁止器官买卖。"交叉移植"既然不存在器官买卖的风险,自然应该允许。①

尸体捐献的受体则不受此限制。但基于身体尊严的考量,同时也是保护当事人隐私的需要,非经捐献人和受捐献人的同意,医疗机构或者科研单位不得擅自披露双方的身份信息。②

三、尸体捐献中的同意规则

本条第 3 款规定,自然人生前不同意捐献的,其配偶、成年子女、父母可以共同决定捐献。对此,学界存在不同意见。反对意见认为,基于对本人意志自由和人格尊严的尊重,如果本人生前未表示捐赠遗体,其近亲属只能依法律和习惯处理遗体,不能擅自作主捐献,更不能出卖。也不能认为,只要当事人生前未明示反对捐献,死后就允许其亲属捐献。因为这种推定不符合我国社会的习惯,不尊重本人的意志和尊严,也使现在通行的遗体捐赠协议失去其存在意义。③

但事实上,本款规定具有合理性。其一,死者不具有权利主体资格,也不享有任何人身权利,法律对死者的保护其实是保护死者生前形象上的各种利益。就死者的生前意愿而言,法律基于公序良俗的考量予以尊重,但这并不意味着死者意志死后仍然具有法律效力。事实上,即便在继承中,人死之后权利能力消灭,其生前意思对生者不应具有拘束力。只是尊重死者及其遗愿是人类(尤其是中国人)的普遍伦理,法律才赋予死亡这一事实以物权变动的效果,而不是任由被继承人财产处于无主状态。因此,由近亲属共同决定,既未损害死者的利益,也不与遗体捐献协议的效力冲突。

其二,依反面解释,若自然人生前表示不同意捐献的,其近亲属无权共同决定。可见,在尸体捐献中,其实也体现了法律对死者遗愿的尊重。因此,为缓解当前器官移植的供需矛盾,在自然人生前未表示不同意捐献的,由其特定

---

① 参见李娜玲:《关于非亲属间活体器官"交叉移植"的法律思考》,《河北法学》2011 年第 5 期。
② 参见梁慧星主编:《中国民法典草案建议稿附理由·总则编》,法律出版社 2013 年版,第 52 页。
③ 参见王利明主编:《中国民法典学者建议稿及立法理由·人格权编·婚姻家庭编·继承编》,法律出版社 2005 年版,第 72 页。

近亲属共同决定是否捐献,也符合利益衡量的原则。并且,此种规定也是比较法上的普遍做法,在我国生命法学界、刑法学界获得了普遍支持。① 事实上,近亲属在决定是否捐献的时候,也并不总是出于金钱的考虑,因其基于与死者的亲密关系,既要承受亲人离去的悲伤,又要考虑外人和社会的看法。

第一千零七条 禁止以任何形式买卖人体细胞、人体组织、人体器官、遗体。

违反前款规定的买卖行为无效。

释 义

本条是关于禁止人体组成部分、遗体买卖的规定。理解本条应从规范合理性、无效后果的法律规范以及类型区分三个方面入手。

一、禁止买卖人体组成部分、遗体的合理性

虽然《人体器官移植条例》明确禁止人体器官的买卖,但由于以人体器官为代表的人体组成部分、遗体作为稀缺资源,供需矛盾十分突出,因此学界从未停止关于人体组成部分、遗体买卖合法化的讨论。如有学者主张将移植器官纳入产品范围以扩大移植供体的来源、保障移植器官的质量,建立统一的器官交易市场,同时制定相应法律对其进行严格规范。② 经济学者则认为,在没有垄断、外部作用、无知等因素的前提下,市场经济的自动调节会达到效率最优。此时,允许人体器官合法买卖会让所有人从中获利。③ 否定立场则多从身体伦理和平等原则出发,认为"人体器官买卖是一种严重危及人类生命伦理秩序稳定的反社会行为,对这种行为,法律应当坚决予以禁止……更为重要的理由在于,人体器官买卖只会加剧人们在生死面前显现出的不平等,从而危

---

① 参见申卫星、王琦:《论人体器官捐献与移植的立法原则》,《比较法研究》2005 年第 4 期;郭自力:《论器官移植的法律问题》,《中外法学》1998 年第 5 期。
② 参见陈云良:《人体移植器官产品化的法律调整》,《政治与法律》2014 年第 4 期。
③ 参见黄有光、桑本谦:《人体器官可否合法买卖? —— 一次经济学家和法学家的对话》,《学习与探索》2016 年第 3 期。

及人类社会文明所赖以存续的基础。"①

    本书赞同现行法的立场。其一，买卖行为将人体细胞、组织和器官物化，既是对身体尊严的蔑视，也是对人类尊严的践踏。"物"之价值在"用"，"人体组成部分"可用却非为用而存在。② 其二，固然，允许人体组成部分的买卖将缓解日益突出的供需矛盾，但其作用也是有限的。因为能作为买方的总是富人，而作为卖方的只能是穷人。事实上，器官出售者总是因家庭变故、生活窘迫才作出出卖的决定，不可能真正作出真实、自愿的意思表示。③ 并且，经验证明，市场上出售的器官比自愿捐献的质量低，出卖者常常隐瞒自己的病史和遗传史，结果将疾病传染给接受器官移植的人。④ 其三，从社会的角度上说，"人体器官的商品化可能会带来难以控制的社会风险。与促进社会福利相反，人体器官合法买卖可能还会减损国家的竞争力、导致控制成本上升，甚至增加盗窃器官的犯罪率。"⑤

    当然，禁止人体组成部分买卖，也无法杜绝非法买卖，但这并非买卖合法化的理由。如同禁止犯罪也无法杜绝犯罪一样，人体组织的非法买卖也是如此。我们绝不能因为存在非法买卖，就牺牲生活的基本伦理，助长犯罪行为。科技的进步极大地增强了人的能力，也同样催生了人的欲望，但生老病死本是人不可摆脱的规律，不能牺牲部分人的健康来满足部分人的欲望。事实上，就穷人而言，出售人体组成部分只能解燃眉之急，他们并不会因此而变得富裕。摆脱贫困是一个世界难题，最终解决要依赖经济发展、国家保障和个人努力。

    遗体买卖虽不涉及人伦，但却违背公序良俗，已如前述。

二、人体组成部分、遗体买卖无效的规范适用

    人体组成部分、遗体不得买卖，只能无偿捐献，后者并非法律行为，因此不得适用合同法律规则。但人体组织、器官的买卖具有创设法律关系的意图，只是因违反法律规定而归于无效，因此仍可参照无效法律行为的法律后果进行

---

① 刘长秋：《人体器官买卖的法律规制研究》，《自然辩证法研究》2012 年第 12 期。
② 参见焦艳玲：《生物科技研究中人体组织提供者补偿模式研究》，《法律科学》2011 年第 1 期。
③ 参见郭自力：《论器官移植的法律问题》，《中外法学》1998 年第 5 期；谭德凡：《人体器官买卖与捐赠法律问题研究》，《社会科学家》2009 年第 11 期。
④ 参见郭自力：《论器官移植的法律问题》，《中外法学》1998 年第 5 期。
⑤ 黄有光、桑本谦：《人体器官可否合法买卖？——一次经济学家和法学家的对话》，《学习与探索》2016 年第 3 期。

解释。对此,《民法典》第157条规定:"民事法律行为无效、被撤销或者确定不发生效力后,行为人因该行为取得的财产,应当予以返还;不能返还或者没有必要返还的,应当折价补偿。有过错的一方应当赔偿对方由此所受到的损失;各方都有过错的,应当各自承担相应的责任。法律另有规定的,依照其规定。"

三、人体组成部分、遗体买卖法律后果的类型区分

关于本条的适用,应区分不同情形:如果是以遗体(无论是遗体的全部还是部分)为交易对象,则直接适用《民法典》第157条,卖方返还价款,买方返还遗体或遗体组成部分。如果是以人体为交易对象,则应区分交易的不同阶段。

其一,在买卖合同达成后,人体组成部分尚未与卖方分离时,《民法典》第157条可直接适用,即终止合同履行,并由卖方返还价款。

其二,在人体组成部分已与卖方分离但尚未与买方结合时,如何处理? 理论上应该终止履行,并由卖方返还价款。至于卖方由此支出的费用(含人体组成部分的摘取与植入费用),则应依双方过错各自承担。

其三,人体组成部分或者尸体器官与买方身体结合之后应如何处理? 与财产的可替代性不同,人体组成部分无法适用返还和折价的责任方式。就返还的责任方式而言,人体组成部分与买方身体结合以后,即构成其身体的组成部分,受买方身体权的保护。① 此时若允许反向摘取和植入,将威胁到买方的生命健康,甚至直接导致其死亡,这种行为无异于故意杀人。② 从社会成本上看,人体组成部分从卖方身体摘取已导致相当损害、耗费相当成本,再从买方身体摘除,又是一重损害和增加成本,得不偿失。

即便与买方身体结合的人体组成部分不宜再反向摘取和移植,也不意味着对卖方的人体组成部分可以折价补偿,因为身体是无价的。但卖方可以依据缔约过失责任要求买方赔偿其损失,此种损失应当是医疗费、误工费以及身体完整受侵害的赔偿,与买方支付的价款并不相同。当然,上述费用的赔偿有适用与有过失原则的余地。

---

① 参见邹卫强:《无效活体器官移植的民法探讨》,《法学论坛》2014年第4期。
② 参见龚波:《人体器官获取行为的法律规制及其模式选择》,《法制与社会发展》2014年第3期。

第一千零八条　为研制新药、医疗器械或者发展新的预防和治疗方法,需要进行临床试验的,应当依法经相关主管部门批准并经伦理委员会审查同意,向受试者或者受试者的监护人告知试验目的、用途和可能产生的风险等详细情况,并经其书面同意。

进行临床试验的,不得向受试者收取试验费用。

释　义

本条是关于临床试验法律规制的规定。临床试验,又称人体试验,是以人体为研究对象的生物医学试验,指在生物学、医学领域内,以自然人作为试验的对象,以验证科学推理或者假定为方法,进行新药物、新医疗设备、新治疗方法试验研究的行为。[①]　本条将临床试验的目的表述为"为研制新药、医疗器械或者发展新的预防和治疗方法",从而排除了基于商业目的的临床试验。

本条规定的临床试验相关规则,是世界医学大会《关于以人体为对象的生物医学研究国际伦理指导原则》(俗称《赫尔辛基宣言》)[②]在民事领域的集中体现。其中,知情同意是伦理审查的必然要求。此外,基于临床试验的伦理性,即便受试者从中受益,也禁止向受试者收取试验费用(本条第2款)。理解本条,应从临床试验的法律关系、伦理审查、知情同意以及费用、补偿与赔偿四个方面入手。

一、临床试验的法律关系

临床试验的法律关系包含主管机关、发起人、试验者和受试者四方主体。主管部门即国务院食品药品监督管理部门。发起人则指发起、资助、监督人体试验并承受试验结果和承担相应责任的人,当前最主要的发起人是各国政府和医药企业。[③]　试验者是指基于科学背景和医疗经验而进行医学试验的医生或者科学家,其所在机构包括医疗、研究机构等。现实中,研究机构内具体进行某一项人体试验的试验者一般以团队形式出现,其中,自己或者带领

---

① 参见满洪杰:《人体试验法律问题研究》,复旦大学2009年博士学位论文,第2页。
② 该宣言经历了多次修订,目前的有效版本为2013年修订本。
③ 参见满洪杰:《人体试验法律问题研究》,复旦大学2009年博士学位论文,第54—55页。

一个团队在研究机构进行研究并对该团队的研究活动负责的人,为主要试验者。

二、临床试验的伦理审查

《涉及人的生物医学研究伦理审查办法》(下称《伦理审查办法》)第7条第1款规定:"从事涉及人的生物医学研究的医疗卫生机构是涉及人的生物医学研究伦理审查工作的管理责任主体,应当设立伦理委员会,并采取有效措施保障伦理委员会独立开展伦理审查工作。"

关于伦理审查的组成与职责,《伦理审查办法》第9条规定:"伦理委员会的委员应当从生物医学领域和伦理学、法学、社会学等领域的专家和非本机构的社会人士中遴选产生,人数不得少于7人,并且应当有不同性别的委员,少数民族地区应当考虑少数民族委员。必要时,伦理委员会可以聘请独立顾问。独立顾问对所审查项目的特定问题提供咨询意见,不参与表决。"第8条后半句规定:"对本机构开展涉及人的生物医学研究项目进行伦理审查,包括初始审查、跟踪审查和复审等;在本机构组织开展相关伦理审查培训。"第11条规定:"伦理委员会对受理的申报项目应当及时开展伦理审查,提供审查意见;对已批准的研究项目进行定期跟踪审查,受理受试者的投诉并协调处理,确保项目研究不会将受试者置于不合理的风险之中。"

此外,《伦理审查办法》还规定了严重不良反应或严重不良事件的报告制度,以及已批准实施项目的跟踪制度。其第26条规定:"在项目研究过程中,项目研究者应当将发生的严重不良反应或者严重不良事件及时向伦理委员会报告;伦理委员会应当及时审查并采取相应措施,以保护受试者的人身安全与健康权益。"第27条规定:"对已批准实施的研究项目,伦理委员会应当指定委员进行跟踪审查。跟踪审查包括以下内容:(一)是否按照已通过伦理审查的研究方案进行试验;(二)研究过程中是否擅自变更项目研究内容;(三)是否发生严重不良反应或者不良事件;(四)是否需要暂停或者提前终止研究项目;(五)其他需要审查的内容。跟踪审查的委员不得少于2人,在跟踪审查时应当及时将审查情况报告伦理委员会。"

三、受试人的知情同意权

知情同意的要素有四个,即信息的告知、信息的理解、理解的能力和自由的同意。①

（一）知情同意书的内容

《伦理审查办法》第 36 条规定："知情同意书应当包括以下内容：（一）研究目的、基本研究内容、流程、方法及研究时限；（二）研究者基本信息及研究机构资质；（三）研究结果可能给受试者、相关人员和社会带来的益处，以及给受试者可能带来的不适和风险；（四）对受试者的保护措施；（五）研究数据和受试者个人资料的保密范围和措施；（六）受试者的权利，包括自愿参加和随时退出、知情、同意或不同意、保密、补偿、受损害时获得免费治疗和赔偿、新信息的获取、新版本知情同意书的再次签署、获得知情同意书等；（七）受试者在参与研究前、研究后和研究过程中的注意事项。"

（二）知情同意的形式与理解

《伦理审查办法》第 33 条规定："项目研究者开展研究，应当获得受试者自愿签署的知情同意书；受试者不能以书面方式表示同意时，项目研究者应当获得其口头知情同意，并提交过程记录和证明材料。"

为了避免知情同意书因过于专业化而不利于理解，法律规定其应以受试者能够理解的语言文字表达。② 同时，在获取知情同意的过程中，试验者应按照知情同意书内容向受试者逐项说明，其中包括：受试者所参加的研究项目的目的、意义和预期效果，可能遇到的风险和不适，以及可能带来的益处或者影响；有无对受试者有益的其他措施或者治疗方案；保密范围和措施；补偿情况，以及发生损害的赔偿和免费治疗；自愿参加并可以随时退出的权利，以及发生问题时的联系人和联系方式等。③

（三）同意的能力

关于同意的能力的判断，我国学者一般以是否成年为标准。④ 未成年人参与临床试验应如何补足其同意能力？对此，比较法上存在三种模式：一是无须考虑未成年人意愿的监护人代理知情同意模式；二是未成年人知情愿意加

---

① 参见邱仁宗：《人类研究的方法论和伦理学》，《哲学动态》2003 年第 3 期。

② 参见《涉及人的生物医学研究伦理审查办法》第 35 条。

③ 参见《涉及人的生物医学研究伦理审查办法》第 37 条。

④ 参见满洪杰：《人体试验法律问题研究》，复旦大学 2009 年博士学位论文，第 117 页；程红：《人体实验的刑法学分析》，《中外法学》2010 年第 6 期。

监护人知情许可模式;三是未成年人不拒绝加监护人知情许可模式。① 比较而言,第二种模式强调了受试未成年人在知情同意中的主体地位,可以更全面地保护未成年受试者的利益。因为未成年人虽然不具备完全的能力,但也具有独立的人格和思想,应当尽可能地尊重和保护其自主意愿。②

遗憾的是,我国立法在器官捐献中对未成年人持绝对保护立场,禁止未成年人进行器官活体捐献,但在临床试验中却采取了监护人代理知情同意模式。《伦理审查办法》第34条规定:"对无行为能力、限制行为能力的受试者,项目研究者应当获得其监护人或者法定代理人的书面知情同意。"这一做法不利于保护未成年人合法权益,在监护人或法定代理人文化水平欠缺时尤其如此。鉴于《伦理审查办法》位阶较低,建议未来立法改采"双同意模式"。

(四) 同意的自由

自由意味着同意在没有强迫或利诱的条件下作出。通常情况下,仅从受试者的主观意志即可判断其同意之作出是否为自由。但在一些特殊情况下,临床试验中的自由也与外部环境相关。如参与者贫困、依赖于他人或者在社会中处于边缘地位,就非常可能有隐蔽的强迫。因此,就监狱、收容所、教养所而言,或者不允许在这些单位进行临床试验,或者对这些单位的人参加研究有更严格的条件。③

此外,作为健康尊严的体现,受试者参与临床试验并非处分其健康,因此已作出的同意也可以随时撤回。此点既为《伦理审查办法》第36条、第37条,《人格权编(草案)》"委内稿""一审稿"所规定,也多为学者所强调。④

但是同意的自由也不是绝对的。虽然健康属于个人的事,但参与临床试验作为健康尊严的体现,存在特定的界限,即不能对受试者健康构成严重威胁或损害,无法预见的除外。因此,就某些临床试验而言,即使它对以后的病人意义重大,但由于它严重威胁到受试者的健康,故应该完全禁止。⑤

---

① 参见徐喜荣:《论人体试验中受试者的知情同意权》,《河北法学》2013 年第 11 期。
② 参见满洪杰:《从"黄金大米"事件看未成年人人体试验的法律规制》,《法学》2012 年第 11 期;徐喜荣:《论人体试验中受试者的知情同意权》,《河北法学》2013 年第 11 期。
③ 参见邱仁宗:《人类研究的方法论和伦理学》,《哲学动态》2003 年第 3 期。
④ 参见王德彦:《知情同意与人体试验》,《自然辩证法通讯》2004 年第 1 期;满洪杰:《关于受试者知情同意权的立法建议》,《四川大学学报(哲学社会科学版)》2018 年第 3 期。
⑤ 参见[德]格弗里德·菲舍尔:《人体医学试验的法律问题》,王倩译,载方小敏主编:《中德法学论坛》(第 3 辑),法律出版社 2005 年版,第 49、51 页。

（五）　知情同意的例外

取得知情同意以可能、必要为前提，某些特殊情况则并不满足这一条件。如在某些紧急情况下，只有通过实施试验性治疗方有可能挽救患者生命，若仍然囿于知情同意原则可能贻误诊治时机。此时，为患者利益计，试验者可不经患者同意而径行实施试验性治疗。① 此外，《伦理审查办法》第39条规定："以下情形经伦理委员会审查批准后，可以免除签署知情同意书：（一）利用可识别身份信息的人体材料或者数据进行研究，已无法找到该受试者，且研究项目不涉及个人隐私和商业利益的；（二）生物样本捐献者已经签署了知情同意书，同意所捐献样本及相关信息可用于所有医学研究的。"

四、费用、补偿与赔偿

（一）　费用与补偿

《伦理审查办法》第18条第3项规定，试验者应公平、合理地选择受试者，对受试者参加研究不得收取任何费用，对于受试者在受试过程中支出的合理费用还应当给予适当补偿。对此，《人格权编（草案）》（一审稿）曾规定"禁止向接受试验者支付任何形式的报酬，但是可以给予其必要的补偿"，但"二审稿"予以删除，"三审稿"规定"不得向受试者收取试验费用"。这与《伦理审查办法》的规定并不矛盾。

（二）　损害赔偿

临床试验具有利他性，旨在增加生物医学知识，与为治疗己身疾病的医疗行为存在本质不同。② 因此，临床试验中的损害赔偿在损害、违法性、过错和举证责任方面存在特殊性。

一是损害与违法性。值得注意的是，在仅侵害知情同意权而健康权未受损的情况下是否存在损害？知情同意权是健康尊严的体现，在临床试验中起到阻却违法的作用，侵害知情同意权意味着具有违法性，是否存在损害还须结合健康权进行判断。对此，《北京市高级人民法院关于审理医疗损害赔偿纠纷案件若干问题的指导意见（试行）》（京高法发〔2010〕第400号）第39条第2款规定："未尽告知义务，仅损害患者知情同意权而未损害患者人身、财产权

---

① 参见满洪杰：《人体试验法律问题研究》，复旦大学2009年博士学位论文，第119—120页。

② 参见满洪杰：《人体试验法律问题研究》，复旦大学2009年博士学位论文，第154页。

利的,医疗机构不承担赔偿责任。"当然,即便健康权未受损,受试人仍享有随时退出的自由。

二是就过错而言,按照《伦理审查办法》第 18 条第 5 项规定,受试者参加研究受到损害时,应当得到及时、免费治疗,并依据法律法规及双方约定得到赔偿。据此,只要参加试验使健康权受损,试验者就有免费治疗的义务,只是赔偿须依法或依约处理。因此,试验者的免费治疗义务为无过错责任。就赔偿而言,由于此种情形与一般医疗损害无本质区别,故应与医疗损害责任一样适用过错责任原则。①

三是在举证责任上,如果要求试验者免费治疗,由于其为无过错责任,受试者仅需证明健康受到损害以及试验与损害之间存在因果关系即可。考虑到临床试验风险的不确定性,受试人在证明试验与损害之间的因果关系时,应以盖然性因果关系说为标准,即受试人只要证明了试验行为与损害后果之间存在某种程度的因果关联的可能性即尽到了举证责任,②而由试验者承担试验与损害不存在因果关系的举证责任。如果是损害赔偿责任,则在因果关系的证明之外,受害人还须就试验者的过错进行举证。

第一千零九条 从事与人体基因、人体胚胎等有关的医学和科研活动,应当遵守法律、行政法规和国家有关规定,不得危害人体健康,不得违背伦理道德,不得损害公共利益。

释 义

本条是关于从事人体基因、胚胎的医学、科研活动的规定。从事人体基因、人体胚胎等医学、科研活动既是人类追求科技的努力,也面临着重大的科技与伦理风险。但本条的解释不可采取过于保守的态度,而是要为科技进步预留必要空间。理解本条应从人体基因检测、基因编辑的法律规制,合法体外

---

① 参见张力、刘小砚:《论临床试验受试者权益保护——理论基础、现实困境与法律进路》,《重庆理工大学学报(社会科学版)》2015 年第 12 期;满洪杰:《人体试验法律问题研究》,复旦大学 2009 年博士学位论文,第 155—156 页。

② 参见彭真明、刘学民:《论人体生物医学研究活动中的侵权责任》,《法商研究》2009 年第 2 期。

胚胎的处置以及非法代孕的禁止四个方面入手。

一、人体基因检测的法律规制

(一)人体基因检测的私法准则

1. 检测者的不告知义务。

基因检测的技术背景是,人体基因信息丰富,不仅能检测治疗手段成熟的疾病,还能提前预测很多不可治愈的疾病,由此给被检测者造成很大的心理和生理损害。① 事实上,不仅检测出无法治疗、预防的基因信息如同坐以待毙,即便是治疗手段成熟的疾病信息,由于只是意味着有可能发生,也可能给被检测者带来无谓困扰,使原本复杂的现代人更加复杂。

于此情形下,为正视人类在生物健康上的不完美性,有必要从医学伦理角度课与检测者对重大疾病基因信息不予告知的义务,从而保护本来就不完美的人类得以正常生活的权利。除非被检测者明确要求或双方明确约定,检测者对被检测者的致命基因信息负有保密义务,否则应当承担侵权责任。

同时,为化解基因检测的伦理风险,宜通过严谨的知情同意程序,以满足不同人对生活的不同追求。一般而言,检测者应向被检测者告知如下内容:检测的性质与目的、检测步骤、检测对个人和家庭的风险、对他人和科学的好处、检测结果对预期和正确遗传咨询的不确定性、检测过程中的伤害事故的承担者与解决途径、个人撤回的权利、个人以及家庭享受检测中以及检测后的医疗卫生服务权利。②

2. 人体基因检测与亲子关系认定。

基因检测因其高度准确性已成为亲子鉴定的通用技术。在符合规定的亲子关系确认或否认之诉中,相对方是否有予以协助的义务? 对此,多数国家规定相对方不得援引诉讼当中拒绝证言的理由来拒绝亲子鉴定的协助义务。③那么,在相对方不配合的情况下,法院能否强制进行鉴定呢? 对此,比较法上存在两种不同做法:以德国为代表的少数国家采用直接强制模式,即对被检测者身体直接施行强制以迫使其履行协助义务;但其他国家多采用间接强制模

---

① 参见袁治杰:《基因技术发展背景下的不知情权研究》,《政治与法律》2016 年第 5 期。

② 参见刘华:《基因研究和运用的伦理准则》,《政治与法律》2001 年第 1 期。

③ 参见赖红梅:《亲子鉴定诉讼中的检查协助义务》,《河北法学》2012 年第 11 期。

式,即作出不利于被告的拟制,推定原告主张成立。①

我国法采纳的是间接强制模式。《最高人民法院关于适用〈中华人民共和国婚姻法〉若干问题的解释(三)》第 2 条规定:"夫妻一方向人民法院起诉请求确认亲子关系不存在,并已提供必要证据予以证明,另一方没有相反证据又拒绝做亲子鉴定的,人民法院可以推定请求确认亲子关系不存在一方的主张成立。当事人一方起诉请求确认亲子关系,并提供必要证据予以证明,另一方没有相反证据又拒绝做亲子鉴定的,人民法院可以推定请求确认亲子关系一方的主张成立。"

不过,该解释因未考虑子女利益保护原则而广受批评。对此,有学者主张,亲子关系确认之诉以争取抚养费为目的,可适用亲子关系存在的推定;亲子关系否认之诉以离婚和解脱抚养义务为目的,不应适用亲子关系不存在的推定。② 此种主张颇值得赞赏,符合民法典的解释论。

(二) 人体基因检测的公法限制

基因检测的自主与隐私利益还存在针对公权的面相,此即基因检测的宪法权利属性。宪法权利本身当然也存在界限,公权力机关可以基于公共利益的需要对宪法权利进行限制,只是对宪法权利的限制也受到严格限制,此即宪法权利限制的限制。后者要求宪法权利的限制应符合法律保留原则以及比例原则。当然,即便强制进行基因检测,检测者也负有详尽的告知义务,并对检测结果予以严格保密。

1. 公共卫生领域的公法限制。

自人类诞生以来,就一直与病毒处于战斗状态,历史上的天花、鼠疫等烈性传染病均导致了大量的人类死亡。鉴于公共健康的极端重要性,为公共利益而进行基因检测,限制个人的自主决定权是有必要的和正当的。③ 对此,《传染病防治法》第 12 条第 1 款规定:"在中华人民共和国领域内的一切单位和个人,必须接受疾病预防控制机构、医疗机构有关传染病的调查、检验、采集样本、隔离治疗等预防、控制措施,如实提供有关情况。疾病预防控制机构、医疗机构不得泄露涉及个人隐私的有关信息、资料。"

---

① 参见周成泓:《亲子关系诉讼中的亲子鉴定协力义务论》,《法律科学》2012 年第 2 期;张海燕:《亲子关系诉讼中亲子鉴定适用问题研究》,《山东社会科学》2013 年第 5 期。

② 参见叶自强:《亲子关系推定的许可与禁止》,《政治与法律》2013 年第 8 期。

③ 参见纪红心:《基因筛检受检者权利研究》,《政法论丛》2014 年第 4 期。

2. 就业领域的公法限制。

劳动者享有就业不受歧视的权利,用人单位应当平等对待每一个劳动者。但基于工作岗位的特殊要求,用人单位能否强制要求劳动者进行基因检测?在比较法上,除德国、奥地利等少数国家绝对禁止对劳动者进行基因检测外,包含瑞士、美国、葡萄牙在内的多数国家均允许用人单位出于职业健康和安全的担忧实施特定的基因检测。[1] 对此,采取一般禁止与特殊例外的立场,"是在工作场所中以'正当的方式'给予每个人'应得的东西',可以最大化社会福利、尊重自由、促进德性。"[2]

二、人体基因编辑的风险与规制

所谓基因编辑,是指在活细胞的基因组中插入、替换或移除 DNA 的行为。[3] 目前,国际上常用的基因编辑技术有三种,ZFNs、TALENs 以及 CRISPR/Cas9,其中,CRISPR/Cas9 最为先进和成熟。即便如此,若以临床应用为标准,人类基因编辑尚未完全成熟,其有效性、安全性需进一步的科学验证。此时,贸然将不成熟的基因编辑技术直接应用于人体,可能对个体甚至人类共同体产生不利影响。[4] 若进行的是人类胚胎的基因编辑,更是存在对婴儿个体以及人类后代产生不可预知的双重风险。[5] 此外,人体基因编辑还面临多重伦理难题。

本书认为,科学的相对性既然不可避免,人类就应对其持开放态度。就规制路径而言,应当区分事实与规范,从技术本身和社会共识上分道而行。就技术而言,人体基因编辑尚未臻于完善,有进一步加强技术攻关的必要,以使安全风险降至可接受的范围之内。但科技风险的化解之道,不全在科技本身,还在于人们能在多大程度上形成共识。为此,必须强调民主和公众参与在技术

---

[1] 参见李锦:《论就业体检应用基因检测之法律规制》,《湖南大学学报(社会科学版)》2014 年第 3 期。

[2] 参见王康:《基因正义论——以民法典编纂与基因歧视司法个案为背景》,《法学评论》2019 年第 6 期。

[3] 参见杨建军、李姝卉:《CRISPR/Cas9 人体基因编辑技术运用的法律规制》,《河北法学》2019 年第 9 期。

[4] 参见朱晓峰:《人类基因编辑研究自由的法律界限与责任》,《武汉大学学报(哲学社会科学版)》2019 年第 4 期。

[5] 参见马路瑶:《风险社会视阈下人类胚胎基因编辑的刑事立法立场》,《湖北社会科学》2019 年第 11 期。

应用中的作用。因此,在技术成熟的情况下,加强立法的民主参与和透明度、建立中立性质的伦理审查机构就尤为重要。

但即便人体基因编辑可以临床应用,也还存在应用限度或称范围的问题。这又包含两个层面。一则,人体基因编辑因编辑对象为体细胞或生殖细胞而有不同,后者要受到更为严格的限制。① 二则,人体基因编辑有恢复性(治疗性)和改良性(增强性)之分,法律应予承认的类型限于前者,即以恢复未来健康为标准的基因编辑。与优生论的立场一样,增强性的基因编辑也是生来就不完美、不自由的人类对绝对完满、绝对自由的幻想,不仅与人内在的局限性、生活的丰富性相悖,还会如同军备竞赛一样,破坏正常的人际秩序。

当然,如同器官捐献、临床试验、基因检测一样,基因编辑也必须贯彻知情同意原则,以充分保障被编辑者的自主与尊严。

三、体外胚胎的性质与处置

此处所谓体外胚胎是指通过体外受精形成、以备后用的合法胚胎。关于体外胚胎的法律属性,理论上存在三种不同看法。一是特殊物说,即将体外(冷冻)胚胎界定为人体变异物,作为物格中的最高格即伦理物中的物,对其权利行使予以最大的限制。② 二是人格或生命体说,认为胚胎是精卵结合的生命体,是人的种子,可以孕育成人,与物没有关系。③ 本书在论述身体权时,把与身体脱离但保持功能一致性的人体组成部分视为人格,与此说基本相同。三是中间说,即认为体外胚胎是介于人与物之间的过渡存在,是"物—中介—人"三极模式中的一环。④ "中国胚胎诉讼第一案"的终审判决同此立场。⑤

---

① 如 2003 年《人胚胎干细胞研究伦理指导原则》第 4 条规定:"禁止进行生殖性克隆人的任何研究。"第 6 条规定:"进行人胚胎干细胞研究,必须遵守以下行为规范:(一)利用体外受精、体细胞核移植、单性复制技术或遗传修饰获得的囊胚,其体外培养期限自受精或核移植开始不得超过 14 天。(二)不得将前款中获得的已用于研究的人囊胚植入人或任何其它动物的生殖系统。(三)不得将人的生殖细胞与其他物种的生殖细胞结合。"
② 参见杨立新:《人的冷冻胚胎的法律属性及其继承问题》,《人民司法》2014 年第 13 期。
③ 参见刘士国:《中国胚胎诉讼第一案评析及立法建议》,《当代法学》2016 年第 2 期。
④ 参见张善斌、李雅男:《人类胚胎的法律地位及胚胎立法的制度构建》,《科技与法律》2014 年第 2 期。
⑤ 法院认为:"胚胎是介于人与物之间的过渡存在,具有孕育成生命的潜质,比非生命体具有更高的道德地位,应受到特殊尊重与保护。"无锡市中级人民法院(2014)锡民终字第 01235 号民事判决书。

应当明确,认为体外胚胎既非人又非物的中间立场,脱离了民法的规范语境,缺乏有力的概念论证,故不可取。① 在特殊物说、人格体说之间,应持人格体说。就我国的实践而言,认为体外胚胎为中间状态或特殊物的做法无法自圆其说。如在"中国胚胎诉讼第一案"中,既然终审判决认为体外胚胎为人、物的中间状态,则原告对胚胎的监管、处置就缺乏权利基础。又如,在"原告王某与被告孙某的离婚案"中,法院一方面认为体外胚胎为特殊之物,同时又认为"原告单方废弃胚胎,构成了对被告身体权、健康权和生育知情权的侵害"②,自相矛盾。

一旦承认体外胚胎的人格属性,则其处置只能依赖于配子(精子和卵子)提供方的意思。这主要是基于伦理的考虑:从儿童角度上看,制造一个生来无父的孤儿是对孩子最基本福利的剥夺;从母亲的角度看,她极有可能对只身一人完成生育计划所可能遭遇的各种困难和压力缺乏充分的考虑;此外,还存在社会救助成本问题。③ 从比较法的角度观察,即便允许代孕的国家和地区,法律均规定提供胚胎结合精卵一方死亡胚胎即予毁弃。我国未来立法也应遵循这一立场。④

四、代孕的违法性与法律后果

原卫生部《人类辅助生殖技术管理办法》第 3 条明确禁止代孕行为:"人类辅助生殖技术的应用应当在医疗机构中进行,以医疗为目的,并符合国家计划生育政策、伦理原则和有关法律规定。禁止以任何形式买卖配子、合子、胚胎。医疗机构和医务人员不得实施任何形式的代孕技术。"但非法代孕仍然屡禁不止。就非法代孕的法律后果而言,最重要的是费用返还和母亲身份认定。

关于非法代孕的费用返还,可适用《民法典》第 157 条规定。⑤ 如在"陈清等合同纠纷案"中,法院认为:"赵文姣提供卵子、陈清提供精子在国外进行代

---

① 参见杨立新:《单方废弃夫妻共有的人体胚胎之侵权责任认定》,《法律适用》2018 年第 9 期。
② 江苏省南京市玄武区人民法院(2017)苏 0102 民初 4549 号民事判决书。
③ 参见叶名怡:《法国法上的人工胚胎》,《华东政法大学学报》2015 年第 5 期。
④ 参见刘士国:《中国胚胎诉讼第一案评析及立法建议》,《当代法学》2016 年第 2 期。
⑤ 本条规定:"民事法律行为无效、被撤销或者确定不发生效力后,行为人因该行为取得的财产,应当予以返还;不能返还或者没有必要返还的,应当折价补偿。有过错的一方应当赔偿对方由此所受到的损失;各方都有过错的,应当各自承担相应的责任。法律另有规定的,依照其规定。"

孕生子的行为,属于规避国内法律法规,违反了国家《人类辅助生殖技术管理办法》的规定,赵文姣因此向境外机构支付代孕相关费用、出入境费用,亦属于规避我国法律行为的支出,因此产生的费用应当由当事人自行承担。合同无效或被撤销后,双方都有过错的,应当各自承担相应的责任。因赵文姣与陈清在此代孕协议订立和履行过程中均有过错,且由此赵文姣垫付了相应的费用,考虑到双方在此行为中的过错程度应为等同,本院确定双方对于已经发生的代孕费用应当各负担一半。"①

关于母亲的身份认定,学界主要存在分娩说、基因说、儿童最大利益说三种立场。本书持分娩说立场。对于其理由,"陈莺诉罗荣耕监护权纠纷案"的判决可资借鉴:"针对人工授精的情形,最高法院 1991 年函中明确规定,'夫妻双方一致同意进行人工授精的,所生子女视为夫妻双方的婚生子女。'人工体外授精—胚胎移植的情形与此类似,亦应适用上述规定。由此可见,经夫妻双方一致同意以合法的人工生殖方式所生育的子女,其亲子关系的认定,生母根据'分娩者为母'原则,生父则以婚生推定方式确定……分娩说符合传统民法中'分娩者为母'的认定原则,亦与其他两种人工生殖方式中的亲子关系认定标准相同,且符合我国传统的伦理原则及价值观念。另外,'分娩者为母'的认定原则亦与我国目前对代孕行为的禁止立场相一致。"②当然,与代孕子女共同生活并提供卵子的母亲可通过收养法确认拟制血亲身份。③

五、举证责任

在举证责任上,虽然关于人体基因、人体胚胎的医学和科研活动,均为高科技应用,但在过错及因果关系的证明上,只有基因编辑才具有其特殊性。在基因检测中,要么是检测人违反不告知义务,要么是被检测人不履行协助义务,或者是用人单位存在就业歧视,这些情形均可根据一般举证责任规则妥善处理。而在基因编辑中,过错与因果关系的证明属于科技难题,有必要在编辑者与被编辑者之间进行利益平衡。建议在基因编辑的行为准则中推定编辑者的过错情形;被编辑人完成初步举证后,编辑者应承担因果关系不存在的举证责任。当然,知情同意书中的有效免责条款可阻却违法。

---

① 北京市第二中级人民法院(2019)京 02 民终 13918 号民事判决书。
② 上海市第一中级人民法院(2015)沪一中少民终字第 56 号民事判决书。
③ 参见刘士国:《中国胚胎诉讼第一案评析及立法建议》,《当代法学》2016 年第 2 期。

　　第一千零一十条　违背他人意愿,以言语、文字、图像、肢体行为等方式对他人实施性骚扰的,受害人有权依法请求行为人承担民事责任。

　　机关、企业、学校等单位应当采取合理的预防、受理投诉、调查处置等措施,防止和制止利用职权、从属关系等实施性骚扰。

释　义

　　本条是关于禁止性骚扰的规定。理解本条应从行为人的行为构成、单位的安全保障义务、单位违反安全保障义务的责任形式三个方面入手。

一、行为人的行为构成

(一) 实施了性骚扰的行为

　　由于本条第 1 款使用了"他人"的表述,因此禁止性骚扰不限于异性之间,同性之间的性骚扰也在禁止之列。就类型而言,大多数国家和地区借鉴了美国的立法,将工作场所性骚扰区分为条件交换型性骚扰和敌意工作环境型性骚扰,但随着法律实践的发展,又补充了外来者骚扰等类型。[1] 此种类型扩张有利于保护受害人,值得赞赏。有疑问的是,性骚扰行为是否限于单位等公共场所?

　　对此,不少学者认为,禁止性骚扰应将所有场景的性骚扰一体规制,包括熟人之间发生的非工作场所的性骚扰;[2]而从禁止性骚扰的规范目的上看,似乎也旨在将禁止范围扩张到所有场合。这种见解值得商榷。

　　禁止性骚扰有两层语境,一是就法益而言,性骚扰因侵害了他人性交流的自由,在任何情况下都是被禁止的。二是在法政策上,公共领域的不断扩大增加了人们相处的空间和时间,从而增加了性骚扰的发生概率,通过课与公共场所所有人或管理人某种责任,既有利于减少损害的发生,也有利于救济受害人。由于非公共场所的性骚扰,法律不予规定也可通过兜底条款获得保护,纳

---

[1]　参见张新宝、高燕竹:《性骚扰法律规制的主要问题》,《法学家》2006 年第 4 期。

[2]　参见张新宝、高燕竹:《性骚扰法律规制的主要问题》,《法学家》2006 年第 4 期;靳文静:《性骚扰法律概念的比较探析》,《比较法研究》2008 年第 1 期;王毅纯:《民法典人格权编对性骚扰的规制路径与规则设计》,《河南社会科学》2019 年第 7 期。

入本条又不会对损害的预防与填补产生任何效果。因此,从本条的规范目的上看,应使本条限于公共场所的性骚扰。

当然,对场所的理解应采广义解释,不仅指工作的场所、学习的场所,而且还包括其他与工作、学习内容有关的场所、空间,比如出差地、旅馆、饭店等。同时,性骚扰并不限于发生在权力关系不平等的上下级之间(即利用职权、从属关系的性骚扰)、师生之间、雇员之间、同学之间以及不相识的人之间同样存在。①

(二) 行为人须有主观故意

在过错方面,就行为人而言,只有故意才叫"骚扰",性骚扰行为应以故意为要件。②"构成性骚扰要求行为人具有性意图,以获取性方面的生理或心理满足为目的,常常采取性暗示的方式。此外,性骚扰通常以明知其行为或言辞违背对方意愿为前提……过失行为难以构成性骚扰。"③这就将性骚扰与对他人私密部位的"误伤"区别开来。

此外,在集体工作时讲荤段子的情形,对其是否构成侵权的判断,应作此区分:若行为人并未针对特定主体,受害人也没有表示反对的,不应构成性骚扰;若行为人针对特定主体,又违背他人意愿的,应当构成性骚扰。

当然,就负有安全保障义务的单位而言,存在过失即应承担侵权责任。

(三) 侵害了他人的性交流自由

由于性骚扰本身是多种行为的集合,因此其在损害上的特性就是侵害了不同的人格权。④ 事实上,不仅性骚扰如此,侵害性自主权(贞操权)的情形也一样。"贞操权的侵害常伴随自由权及身体权的侵害。对贞操权的侵害,当更甚于对自由权之侵害。"⑤还有学者认为,性骚扰在侵害人格权之外,还有侵犯劳动权、平等权、社会经济权利之嫌。⑥

---

① 参见靳文静:《性骚扰法律概念的比较探析》,《比较法研究》2008 年第 1 期;伍劲松:《美国两性平等制度研究》,《法学家》2004 年第 3 期。
② 参见张新宝、高燕竹:《性骚扰法律规制的主要问题》,《法学家》2006 年第 4 期;薛宁兰:《性骚扰侵害客体的民法分析》,《妇女研究论丛》2006 年第 S1 期。
③ 参见石佳友:《人格权立法的进步与局限——评〈民法典人格权编草案(三审稿)〉》,《清华法学》2019 年第 5 期。
④ 参见王成:《性骚扰行为的司法及私法规制论纲》,《政治与法律》2007 年第 4 期;王毅纯:《民法典人格权编对性骚扰的规制路径与规则设计》,《河南社会科学》2019 年第 7 期。
⑤ 孙森焱:《民法债编总论》(上册),法律出版社 2006 年版,第 188 页。
⑥ 参见张新宝、高燕竹:《性骚扰法律规制的主要问题》,《法学家》2006 年第 4 期。

本书认为,所谓的劳动权、平等权、社会经济权属于向国家主张的宪法权利,其与民事权利不存在对应关系。在受害人因性骚扰而辞去或失去工作时,与其说是侵害了劳动权,不如说是侵害性交流自由的后果,[①]而这已属于纯粹经济损失的范畴。就民事权利而言,则构成请求权聚合:在接触他人身体时,既侵害了他人的性交流自由,也构成对身体权的侵害;在公共场合公然调戏他人时,兼有性交流自由和人格尊严不被侮辱的损害。由于名誉是他人对权利人的社会评价,而侮辱损害的是权利人自己的主观情感(尊严感),所以性骚扰行为本身不构成对名誉权的侵害。

二、单位的安全保障义务

本条第 2 款规定,机关、企业、学校等单位有采取合理的预防、受理投诉、调查处置等措施以防止和制止性骚扰行为的义务。这就意味着,机关、企业、学校等单位负有预防、处理性骚扰行为的安全保障义务。此种安全保障义务的确立,在预防、处置性骚扰行为的功能之外,也有利于受害人收集证据。

关于本条第 2 款"防止和制止利用职权、从属关系等实施性骚扰"的理解,"等"字昭示,不应将"利用职权、从属关系"作为单位承担责任的构成要件,而应将其作为单位安全保障义务的内容,意在强调利用职权、从属关系的违法性。因此,行为人未利用职权、从属关系实施性骚扰的,单位若违反了采取合理的预防、受理投诉、调查处置等措施的安全保障义务的,仍应承担责任。

三、单位违反安全保障义务的责任形式

本条第 2 款虽然规定了单位有防止和制止性骚扰的安全保障义务,却未言明违反义务时的责任形式,从而留下了解释的空间。对此,我国学者普遍承认性骚扰行为的用人单位的替代责任(雇主责任)。[②] 少数学者认为,用人单位(雇主)的此种责任实为违反安全保障义务的过错责任。[③] 本书认为,雇主

---

① 在此情形,应当区分侵犯某种人身利益与侵犯该种人身利益引起的结果。参见王成:《性骚扰行为的司法及私法规制论纲》,《政治与法律》2007 年第 4 期。

② 参见张新宝、高燕竹:《性骚扰法律规制的主要问题》,《法学家》2006 年第 4 期;王成:《性骚扰行为的司法及私法规制论纲》,《政治与法律》2007 年第 4 期;胡田野:《美国性骚扰法律制度及其借鉴意义》,《河北法学》2004 年第 6 期。

③ 参见夏利民、郭辉:《职场性骚扰雇主替代责任说质疑》,《河北法学》2012 年第 3 期。

责任的理论基础旨在保护雇员,防止其因执行工作任务而动辄得咎,但(利用职权、从属关系的)性骚扰则超出了这一规范目的,二者不能等同。在性骚扰的法律规制中,单位(尤其是用人单位)承担责任的依据在于:通过个人诉讼无助于解决性骚扰的普遍化,强化单位(尤其是用人单位)的内部责任才是最为高效、低廉的问题解决方式。① 因此,本质上属于过错责任,应类推《民法典·侵权责任编》关于安全保障义务的补充责任(过错责任)。这也符合非工作场所内性骚扰的规制要求。

第一千零一十一条 以非法拘禁等方式剥夺、限制他人的行动自由,或者非法搜查他人身体的,受害人有权依法请求行为人承担民事责任。

释 义

本条是关于行动自由的规定。理解行动自由应从其法律语境、规范内容、类型原理三方面入手。

一、行动自由的法律语境

自由在法律上存在三个语境层次:其一,在最抽象的意义上,如同人格尊严一样,自由既不属于民事权利,也不属于宪法权利,而是所有实证权利的价值基础。② 如《民法典》第 109 条规定:"自然人的人身自由、人格尊严受法律保护。"第 990 条第 2 款规定:"除前款规定的人格权外,自然人享有基于人身自由、人格尊严产生的其他人格权益。"值得注意的是,与《民法典》的处理不同,我国《宪法》规定的人身自由权、人格尊严权是作为具体权利存在的,其价

---

① 相同立场请参见王成:《性骚扰行为的司法及私法规制论纲》,载《政治与法律》2007 年第 4 期;易菲:《职场性骚扰法律制度研究》,载王利明主编:《民法典·人格权法重大疑难问题研究》,中国法制出版社 2007 年版,第 468 页。
② 关于人格尊严的抽象意义,参见胡玉鸿:《人的尊严的法律属性辨析》,《中国社会科学》2016 年第 5 期;[日]高桥和之:《〈宪法上人权〉的效力不及于私人间——对人权第三人效力上的"无效力说"的再评价》,陈道英译,《财经法学》2018 年第 5 期;黄宇骁:《论宪法基本权利对第三人无效力》,《清华法学》2018 年第 3 期;陈道英:《从德国法上的一般人格权看宪法权利与民事权利的协调》,《法学评论》2011 年第 5 期。

值基础规范应追溯到"国家尊重和保障人权"条款。至于所有实证权利的价值基础,《宪法》并未规定。其二,自由可以分为公法自由、私法自由,二者在类型技术上并不相同。其三,私法上的自由存在作为权利的自由和未权利化的自由的区别。本条规定的"行动自由"是在第三层次且作为权利的意义上讲的。

二、行动自由不包括精神自由

关于行动自由(学理上也称为狭义人身自由、身体自由)的内涵,理论上曾有不同看法。

一是身体活动说,该说考虑到精神活动自由的不特定性,从而将行动自由限于身体活动自由。这是我国学界通说,王利明、王泽鉴、李锡鹤、马俊驹等学者持此立场。[1]

二是身体、精神活动说,该说认为精神活动的自由也是行动自由的范畴。典型如史尚宽先生认为,"然我民法,将自由与名誉并列,则不独身体动作之自由,精神活动之自由,亦包含在内。精神活动之自由,应包括心理活动表达于外部之自由及意思决定之自由。"[2]杨立新、孙森焱、郑玉波等学者持此说。[3]

三是折中说。比较特殊的是,张俊浩教授一方面认为身体自由权以身体的自由活动不受非法干预为内容,另一方面又单设内心自由权以保护意思决定的独立和不受非法干预。[4]

本书认为,身体活动说的立场更符合法条文义,也与民法的权利构造技术相契合(具体原理详见"私法自由的类型原理"部分),行动自由的内涵不包含精神自由。

三、私法自由的类型原理

民法奉行"法不禁止皆自由"法则,其对自由的保护系采反面推定模式,

---

[1]　参见王利明:《人格权法研究》,中国人民大学出版社 2018 年版,第 350 页;王泽鉴:《人格权法》,北京大学出版社 2013 年版,第 110 页;李锡鹤:《民法原理论稿》,法律出版社 2012 年版,第 471 页;马俊驹:《人格和人格权理论讲稿》,法律出版社 2009 年版,第 267—268 页。

[2]　史尚宽:《债法总论》,中国政法大学出版社 2000 年版,第 148—149 页。

[3]　参见杨立新:《人格权法》,法律出版社 2011 年版,第 577 页;孙森焱:《民法债编总论》(上册),法律出版社 2006 年版,第 187 页;郑玉波:《民法债编总论》,中国政法大学出版社 2003 年版,第 129 页。

[4]　参见张俊浩主编:《民法学原理》(上册),中国政法大学出版社 2000 年版,第 151 页。

即在全面规定禁止事由的情况下,推定未予禁止事项即可自由为之。由于法律禁止的行为有限,自由由此具有一种无所不包的特质,并体现为一种整体而非具体的形象。① 相应地,民法上权利的设置均有特殊理由,都是围绕"勿伤他人"的禁止事项,对作为整体性的自由的个别化肢解:抛开身份权不论,作为身外之物的资源具有稀缺性,为定纷止争、保护正当行为人的自由,同时促进资源的有效利用,法律特设物权及其变动规则;交易的完成离不开交易各方的协力,为此法律以债权的形式明确各方的自由及其边界。

与物权、债权不同,人格权具有固有性、专属性和非财产性,因而缺乏权利变动规则。因此,传统民法并不将其作为权利来对待,而是通过禁止性规定予以保护。但是,随着社会经济的发展、科学技术的进步,人的生活空间日益广泛,人格各要素不仅日益暴露于可能的侵害之中,同时也产生了器官捐献、基因编辑等涉及人格要素的尊严问题,由此产生了自由类型化保护的必要,生命权、身体权、名誉权、隐私权等纷纷获得了独立地位。而在自由的类型化保护上,即便存在权利变动规则的物权与债权也不例外:对物占有、使用、收益、处分,以及请求他人为特定给付的请求或对债的处分,均存在对作为整体的自由的类型化。

立足于自由保护的整体性与类型化视角,可以得出这样的结论:只有在社会生活有加剧侵害的可能,从而需要设立特别的保护规则时,自由才有类型化为权利的必要。否则其作为整体自由的一部分,照样可以通过利益形式获得法律保护。在现代生活背景下,行动自由经常受到侵犯,甚至于讨债都可能通过限制行动自由的方式为之,从而有类型化为权利的必要。而私人间所谓创作、研究等精神自由,鲜少有人干预,即便有也只能通过限制行动自由的方式进行。至于思想自由,除作为具体民事权利的内容外,仍应作为整体自由而获得保护。相反,"若使作为权利的人身自由扩张,将使自由的权利保护与利益保护混为一谈"。② 可见,私法自由的范围也并不比宪法自由狭窄。

---

① 参见易军:《"法不禁止皆自由"的私法精义》,《中国社会科学》2014 年第 4 期。
② 曹相见:《人格权法定的宪法之维与民法典编纂》,《浙江社会科学》2020 年第 2 期。

第三章　姓名权和名称权

本章导言 ▶

本章是对姓名权、名称权的规定,包括自然人姓名权,法人、非法人组织名称权,姓名权、名称权侵权方式,自然人取姓规则及对具有一定社会知名度的笔名、网名、译名、字号、姓名和名称简称等的保护,共六个条文。

第一千零一十二条　自然人享有姓名权,有权依法决定、使用、变更或者许可他人使用自己的姓名,但是不得违背公序良俗。

释　义

本条是关于自然人姓名权的规定。

一、姓名权的权能

本条规定了姓名权的决定、变更两项权能。

(一) 姓名决定权

自然人的姓名是个人区别于他人的以文字形式展现的语言标记,是自然人的人格发展和自我决定的重要表现形式,是识别个人的工具。《户口登记条例》第 7 条第 1 款规定:"婴儿出生后一个月以内,由户主、亲属、抚养人或者邻居向婴儿常住地户口登记机关申报出生登记。"虽然该条没有明确规定出生登记需要登记婴儿姓名,但依该法第 4 条第 4 款"户口登记簿和户口登记簿登记的事项,具有证明公民身份的效力"的规定可知,出生登记必须登记姓名。不过,由于自然人此时尚不具有行为能力,因而姓名的决定权由其监护人来行使。① 这

---

① 参见姚辉:《人格权法论》,中国人民大学出版社 2011 年版,第 156 页。

是父母亲权的表现,是父母实施的代理行为,它表达了命名人的期待、意愿以及其他社会心理。① 就我国姓名的传统及现状看来,自然人的姓氏一般取自父母姓氏范围之内,由父母共同决定。② 但这并不否认自然人享有姓名决定权,为自己命名是自然人的基本权利之一,③自然人有权自由决定自我姓名的设定和变更,任何第三人不得非法干预。

（二）姓名变更权

姓名变更权实质上是姓名决定权的自然延伸。④ 本条之所以将姓名变更权从决定权中独立出来,一方面是考虑到应给予自然人接受父母命名后再次自我决定的机会,另一方面也考虑到公法上的限制。也就是说,自然人能否任意变更其姓名,不仅是一个私法上的问题,还涉及国家管理等公法上的利益,因而还需考虑公法上的义务问题,即从公共利益的角度考量,自然人姓名的变更必须符合国家法律。因而,姓名变更权在我国受到了严格的行政管制,如我国户籍法对姓名变更的管理性规定。⑤

二、姓名的使用与许可他人使用

（一）姓名的使用自由

有学者认为,姓名的使用也是姓名权的权能之一。⑥ 但本书认为,使用自己的姓名是姓名权人的自由,自然人决定或变更姓名主要是为了彰显个人人格并与他人相区别,同时也只有以自己的姓名从事各种社会活动,才能为自己取得权利或负担义务。他人在合理且正当的范围内也应当能够自由使用自然人的姓名(商业利用、侵犯隐私除外),因为自然人决定其姓名的目的就是为了与他人相区别,除自己能够自由使用外,他人也能够自由使用才能真正体现姓名的人格意义并区别于他人,若他人不能够自由使用其姓名,那么姓名的意义就将大打折扣。因此,对姓名的使用不应成为姓名权的权能。

（二）许可他人使用

姓名作为指代自然人主体身份的符号,具有天然的人身属性,其与自然人

---

① 参见张红:《人格权各论》,高等教育出版社 2015 年版,第 18 页。
② 参见张红:《人格权各论》,高等教育出版社 2015 年版,第 17 页。
③ 参见张红:《人格权各论》,高等教育出版社 2015 年版,第 17 页。
④ 参见王利明:《人格权法研究》,中国人民大学出版社 2018 年版,第 376 页。
⑤ 参见张红:《人格权各论》,高等教育出版社 2015 年版,第 18 页。
⑥ 参见王利明:《人格权法研究》,中国人民大学出版社 2018 年版,第 375 页。

的人身不可分离且不得随意抛弃、转让、赠与或继承,但随着商业社会经营理念与运行模式的拓宽与发展,自然人姓名所蕴含的"经济价值"在商品流通与营销中被不断挖掘,其内涵与外延也得到了丰富与充实。① 姓名权人不仅可以在一定程度上对其姓名进行商业利用,而且还可以许可他人使用自己的姓名,有学者称之为姓名权的商品化。② 本书认为,将姓名权与其使用利益相结合混淆了姓名权与姓名使用权之间的关系,无论是姓名权人对自己姓名的使用还是许可他人使用,都是基于对姓名这一人格标识使用权而非对姓名权的使用而言的。基于姓名的人格标识使用权而使用或许可他人使用所产生的财产利益并非姓名权的权能,以此获得的相应财产利益可以继承。因此,应当对二者予以明确区分,由此可以破解为何姓名权作为人格权还会产生财产利益的难题。

三、姓名的决定、变更、使用不得违背公序良俗

公序良俗作为民法的一项基本原则,即公共秩序与善良风俗的简称。所谓公共秩序,并非指具体的法律规范,而是指向法律的价值体系。③ 也即社会一般利益,包括国家利益、社会经济秩序和社会公共利益。所谓善良风俗,则指向法律外的伦理秩序,即一般道德观念或良好道德风尚,包括社会公德、商业道德和社会良好风尚。④ 公序良俗的核心功能在于发挥转介作用,将民法外的规范引入民法中。公序良俗原则在法律行为领域的体现,主要旨在否定法律行为的效力。⑤

具体到姓名权领域,姓名的决定、变更、使用不得违背公序良俗。首先,自然人在决定、变更其姓名时,不能出现低俗的用字,如生殖器的名称。其次,自然人在决定、变更其姓氏时,应当满足最低规范要求和道德义务,不能仅凭个人意愿或喜好,随意选取姓氏甚至自创姓氏,这不仅对文化传统和伦理观念会造成冲击,违背社会善良风俗和一般道德要求,而且也不利于维护社会秩序和

---

① 参见陶钧:《"自然人姓名权"保护的法律适用要件研究——以"乔丹"商标争议案为起点》,《法律适用》2017 年第 18 期。

② 参见袁雪石:《姓名权本质变革论》,《法律科学》2005 年第 2 期。

③ 参见陈甦主编:《民法总则评注》(上册),法律出版社 2017 年版,第 58 页。

④ 参见宋天一、陈光斌:《从"北雁云依案"看"姓名决定权"与社会公序的价值冲突》,《法律适用》2019 年第 6 期。

⑤ 参见陈甦主编:《民法总则评注》(上册),法律出版社 2017 年版,第 58 页。

实现对社会的良性管控。① 最后,自然人在使用或许可他人使用其姓名时,不能够违背公序良俗,如将姓名作为壮阳药的标识。

第一千零一十三条 法人、非法人组织享有名称权,有权依法决定、使用、变更、转让或者许可他人使用自己的名称。

释 义

本条是关于法人、非法人组织名称权的规定。

一、法人、非法人组织的名称权

名称权是法人、非法人组织在社会活动中对其用以确定和代表自身并区别于他人的符号和标记所享有的权利。② 其主要功能是表明主体的身份,以使名称持有主体与其他主体能够区分。在名称持有主体的影响范围内或在特定的行为中能够个性化的文字都受名称权的保护。

本书并不认同将法人、非法人组织的名称权归入人格权保护范畴的观点。③ 缘由为,人格权主要旨在保护存在尊严伦理的自然人,④而非保护法人、非法人组织财产权范畴的利益(名称标识的使用权)。所以,对法人、非法人组织的保护目的,应旨在维护法人的"信誉形象",而不应将自然人的情感嫁接于法人,赋予法人人格权。

二、法人、非法人组织名称权的权能

本条规定了名称权的决定、变更、转让及许可他人使用四项权能。

法人、非法人组织有权决定和变更名称,他人不得非法、强制干预。不过,鉴于经济管理等公法方面的需要,我国企业名称的设立和变更受到《企业名

---

① 参见宋天一、陈光斌:《从"北雁云依案"看"姓名决定权"与社会公序的价值冲突》,《法律适用》2019年第6期。
② 参见王利明:《人格权法研究》,中国人民大学出版社2018年版,第390页。
③ 王利明教授认为,法人、非法人组织的名称权应确定为一种人格权,并为人格权法所保护。参见王利明:《人格权法研究》,中国人民大学出版社2018年版,第390页。
④ 参见房绍坤、曹相见:《法人人格权的立法论分析》,《山东社会科学》2016年第12期。

称登记管理规定》《企业名称登记管理规定实施办法》的限制。包括对名称的内容、表达方式的限制以及变更名称需要严格依法定程序进行。如对法人尤其是企业法人必须依法律的规定设定名称并经依法登记,否则不发生取得名称权的效力。另外,法人、非法人组织决定名称或变更名称应以登记核准的范围为限,在核准登记的范围内,对其名称享有独占的权利,他人不得再在同一行业申请同样的名称。

名称权因其财产属性,故而名称持有者可以转让名称。[1]《企业名称登记管理规定》第 23 条规定,企业名称可以随企业或者企业的一部分一并转让,但此处的"可以"应理解为"应当"或"必须"。江苏省工商局《关于规范企业名称转让操作的意见》(苏工商注〔2006〕286 号)第 3 条规定,企业名称转让必须是名称的整体转让,不得只转让字号等名称的部分构成。可见,法人、非法人组织名称的转让只能作为一个整体的权利让与给某一个受让人。[2] 且名称的转让还包含了业务性质的转让,因为这一转让具有附属性,所以必须随经营的业务一并转让。

法人、非法人组织对其名称享有法律允许范围内的使用自由,而不是一种权能。[3] 这是因为,法人、非法人组织对其名称当然有使用上的自由,其与他人发生法律关系也须借助名称进行,他人在合理且正当的范围内自然也可以自由使用法人、非法人组织的名称(商业使用除外)。当然,因名称权的财产属性,名称持有者不仅可以通过转让名称而获利,也可以通过许可他人部分使用名称而获利,即通过设立特许权的方式(一般性特许权或排他性特许权)允许他人使用名称。不过,许可他人使用名称不得违背法律、行政法规的禁止性规定。

第一千零一十四条 任何组织或者个人不得以干涉、盗用、假冒等方式侵害他人的姓名权或者名称权。

---

[1] 参见姚辉:《人格权法论》,中国人民大学出版社 2011 年版,第 160 页。
[2] 参见王利明:《人格权法研究》,中国人民大学出版社 2018 年版,第 402 页。
[3] 王利明教授认为,法人、非法人组织对其名称的使用为一种权能。参见王利明:《人格权法研究》,中国人民大学出版社 2018 年版,第 400—401 页。

释　义

本条是关于侵害姓名权、名称权方式的规定。

一、侵害姓名权的主要方式

姓名不仅有识别个人的功能,还有表征人格的功能,[1]其不仅体现了个体的人格尊严,也代表了特定个人的商业价值。从侵害姓名权产生的损害后果来看,大多是通过造成社会公众识别混淆而导致姓名权人的利益损失,而能够造成姓名识别混淆的侵害行为,大致有干涉、盗用、假冒姓名等行为。

（一）干涉他人姓名的决定、使用、变更

干涉,即妨碍本人对其姓名的自主决定、自主变更和自主使用。不过,针对他人的姓名实施某种积极干涉的侵害行为在现实中较为罕见。原因在于,自然人在出生后取得姓名时尚处于无行为能力状态,自己不能自由决定其姓名,大多由监护人代为决定,自然人成年后,其所使用的姓名早已与自然人主体建立起稳定的联系,很少有人再会变更姓名。[2] 但这并不意味着没有干涉姓名权的可能,例如养父母干涉养子女决定和使用其姓名的自由;父母离异后,父亲干涉成年后的子女将其姓改为母姓的自由等。另外,干涉行为不仅包括干涉他人使用真名,还包括干涉他人使用笔名、艺名等。[3] 需要注意的是,在干涉他人姓名权的主观目的上,仅以违背本人意思为要件,而不论干涉人是否有不正当目的。[4]

（二）盗用姓名

盗用姓名是行为人未经姓名权人同意擅自使用且未直接以姓名权人身份进行民事活动的行为。[5] 有学者将擅自以他人的姓名签字于罚款通知书、以他人的姓名签字领取不合法收入等也归入盗用他人姓名的行为。[6] 但本书认

---

① 参见张素华:《论姓名权纠纷的裁判乱象与类型梳理》,《四川大学学报(哲学社会科学版)》2018 年第 3 期。

② 参见刘文杰:《民法上的姓名权》,《法学研究》2010 年第 6 期。

③ 参见王利明:《人格权法研究》,中国人民大学出版社 2018 年版,第 382 页。

④ 参见姚辉:《人格权法论》,中国人民大学出版社 2011 年版,第 158 页。

⑤ 参见杨立新:《人身权法论》,人民法院出版社 2006 年版,第 475 页。

⑥ 参见王利明:《民法》,中国人民大学出版社 2018 年版,第 183 页。

为,盗用姓名的目的在于使第三人误认为行为人有权使用,而非为让第三人发生个体认识的错位。盗用是出于某一特定姓名的商业价值而擅自使用,侵害了对姓名主体的权属信赖,抑或行为人通常出于某种不正当目的,行为的结果直接损害他人或公共利益。因而将上述行为归于盗用姓名的行为很难有说服力。

(三) 假冒姓名

假冒姓名一般是指冒名顶替行为,也即使用他人姓名并冒充该人参加民事活动或其他行为。[①] 关于姓名使用的混淆应依据姓名交往的工具性特质来辨识,可细分为两点:一是已对所涉混淆的姓名进行使用,如此才能使得社会公众的认知识别发生混淆,否则不会产生侵权问题;二是姓名在交往中出现的混淆,需达到社会公众对混淆的发生给予肯定的一般认识,但不要求出现实际广泛的辨识错误。需要指出的是,虽然标识个人身份的其他信息(如身份证号、医疗保险证号、驾驶证号等)也可以被冒用,但这些信息是进一步确认身份的社会规范性要素,在日常生活中并不会作为交往工具使用,只是在进一步的身份确认中才会涉及,因而不宜将这些要素纳入姓名权的保护范畴。[②] 另外,假冒与盗用虽然都是行为人在姓名权人不知情的情况下进行,且行为人在主观上都属故意并有一定目的,但二者并不相同:盗用是擅自使用他人姓名从事民事活动或其他活动,没有导致第三人误认的发生,其结果通常表现为直接损害被盗用者的利益;而假冒的目的是身份的替换,侵害行为导致第三人发生了身份上的误认,它并不直接损害被假冒者的利益,而只是为了谋取个人的非法所得。[③]

二、侵害名称权的主要方式

名称是法人、非法人组织人格标识的重要表征,具有巨大的经济利益,侵害名称权会使得企业信誉受损,致使这些利益减少。法律为保护一定地域范围内已登记的法人、非法人组织的名称,规定了禁止他人干涉、盗用、假冒或以其他方式侵害名称权的行为。

---

① 参见王利明:《人格权法研究》,中国人民大学出版社 2018 年版,第 384 页。
② 参见张红:《人格权各论》,高等教育出版社 2015 年版,第 93 页。
③ 参见姚辉:《人格权法论》,中国人民大学出版社 2011 年版,第 158 页。

（一）干涉他人名称权的决定、使用、变更

干涉名称权是对他人名称权的行使进行非法干预的行为，包含对名称决定、专有利用、依法变更及转让的干预。一般而言，干涉名称权的行为大都是故意作为，例如强制法人、非法人组织使用或不使用某一名称，阻挠法人、非法人组织转让、变更名称。未经法定程序撤销法人、非法人组织的名称，也属于干涉名称权的行为。

（二）非法使用他人名称的行为

法人、非法人组织的名称在登记后便在一定地域范围内产生排斥他人享有的效力，因而未经许可，盗用或冒用他人已登记名称的行为构成侵害名称权。未经名称权人同意，擅自以他人的名称进行违法活动的行为构成对他人名称权的盗用。[1] 例如擅自宣称与其他经营主体联营，以推销自己的产品，即属于盗用他人企业名称的行为。冒充他人的名称，以为自己的目的而行为则是冒充他人名称的行为。盗用和假冒都是未经名称权人许可而使用他人名称，但盗用人的目的通常在于利用他人名称进行招摇撞骗，情节严重的可能构成诈骗等犯罪，而假冒人利用他人名称通常是进行一般的民事活动，情节较盗用轻微。[2] 另外，同一行业的营业者以不正当竞争的目的而使用与登记名称相似或使人易于误认的名称的行为也是非法使用他人名称的情形。在法人、非法人组织名称转让后，继续使用原有名称的行为，同样应认定为侵害名称权的行为。

侵害法人名称权的其他重要方式主要是以侵犯对方知识产权的方式进行，尤其是通过对商标的侵害，行为人一般通过将他人名称作为商标申请注册或将他人已经注册的商标作为名称进行使用等方式，以引起消费者的误解。[3] 司法实践中，法院一般依据《反不正当竞争法》《商标法》等法律进行裁判，这表明对名称权的保护不能仅仅依靠单一手段，还需要综合利用竞争法、知识产权法等手段。[4] 另外，在侵害名称权的认定中，不能片面强调名称的同一性，机械地看待构成名称的各个要素，只要能够认定行为人使用的名称与被侵害的名称指向同一个对象，那么不论行为人使用了被侵害名称中的哪些部分，都

---

① 参见王利明：《人格权法研究》，中国人民大学出版社 2018 年版，第 412 页。

② 参见王利明：《人格权法研究》，中国人民大学出版社 2018 年版，第 413 页。

③ 参见张红：《人格权各论》，高等教育出版社 2015 年版，第 393 页。

④ 参见张红：《人格权各论》，高等教育出版社 2015 年版，第 393 页。

应当认定侵权行为成立。①

（三）不使用他人名称的行为

应当使用他人名称而不使用或改用他人的名称也会侵害他人的名称权，例如甲商店出售乙厂的商品，但商品上却标注了丙厂的名称，甲没有使用乙厂的名称构成对乙厂名称权的侵害。

第一千零一十五条　自然人应当随父姓或者母姓，但是有下列情形之一的，可以在父姓和母姓之外选取姓氏：

（一）选取其他直系长辈血亲的姓氏；

（二）因由法定扶养人以外的人扶养而选取扶养人姓氏；

（三）有不违背公序良俗的其他正当理由。

少数民族自然人的姓氏可以遵从本民族的文化传统和风俗习惯。

释　义

本条是关于自然人取姓的规定。

一、取姓的基本规则

自然人的姓氏体现了血缘传承、伦理秩序和文化传统。一般而言，自然人的姓氏基于血缘关系取得，这种姓氏取得的强制性及法定性是近代人类不可避免的命运，姓氏的强制取得与名的任意取得相结合成为某一特定自然人的人格表征并区别于他人，姓氏由此具有了血缘性与人格性双重特征。② 姓氏的血缘性直接决定了一个人姓氏选择范围的狭隘，而人格性决定了姓名权人对自己姓氏从自身人格各个方面考虑是否合适的可能性。③

自然人姓氏的选取涉及公序良俗，应尊重社会公德，不得损害社会公共利

---

① 参见王昌来：《侵害企业名称权的认定及其法律适用》，《黑龙江政法管理干部学院学报》2002年第1期。
② 参见张红：《人格权各论》，高等教育出版社2015年版，第40页。
③ 参见张红：《人格权各论》，高等教育出版社2015年版，第40页。

益。原则上自然人可以随父姓亦可以随母姓,这不仅符合中华传统文化和伦理观念,也符合绝大多数自然人的意愿和实际做法。① 具体来讲,自然人随父姓或随母姓,是指以其父母的姓作为自己的姓氏,即子女的姓氏与其父亲的姓或其母亲的姓相同。父母在子女出生后,可以协商以谁的姓作为子女的姓氏,如夫姓王,妻姓李,其子女可以姓王,也可以姓李。以目前我国的实际情况,多数子女随其父亲姓,不过,非婚生子女大多随母姓。

二、取姓规则的例外

基于姓名决定自由及社会实际情况,自然人若有正当理由也可以选取除父姓、母姓外的其他姓氏。但何为正当理由? 若不加以明确可能会出现管理与司法漏洞,导致地方户政管理与司法裁判相左,从而造成姓名权人在变更利益上处于不确定状态。本条规定了自然人可以选取除父母姓以外的"第三姓",并列出了"正当理由"。

(一) 选取其他直系长辈血亲的姓氏

依《民法典》第 1048 条规定,所谓直系长辈血亲,除父母子女外,应当包括祖父母、外祖父母与孙子女、外孙子女。当然,之所以允许选取其他直系长辈血亲的姓氏,主要是因为在我国一些地方存在"三代还宗"的习俗,即因入赘等原因,子女改姓女方的姓氏,至第三代时,子女又要改为其祖父的姓氏,这是我国许多地方长期存在的习俗,法律应予以尊重。②

(二) 因由法定扶养人以外的人扶养而选取扶养人姓氏③

在收养关系下,随着收养关系的成立,养父母子女关系确立,作为身份关系的一种标志,除法定抚养外,养子女的姓氏应当发生相应的变化,以表明其

---

① 参见黄泷一:《姓氏选择、公序良俗与法律解释——最高法院第 89 号指导案例与姓名权立法解释评述》,《法治研究》2018 年第 5 期。

② 参见王利明:《人格权法研究》,中国人民大学出版社 2018 年版,第 374 页。

③ 本条使用"扶养"而非"抚养"的用语,本书认为这一表述有误。理由为:扶养有广义与狭义之分,狭义的扶养一般是指平辈亲属之间,尤其是夫妻之间发生的经济供养和生活扶助的权利义务关系。广义的扶养则包括了长辈亲属对晚辈亲属的"抚养",平辈亲属之间的"扶养"和晚辈亲属对长辈亲属的"赡养"三种具体形态。抚养是指长辈对晚辈无行为能力人(主要是未成年人)的保护与教养,强调的是教育和保护,其目的是为了晚辈的健康成长。在本条中,收养关系成立后,养父母对养子女应成立抚养关系而非扶养关系,退一步讲,即便广义的扶养中包含了长辈亲属对晚辈亲属的"抚养",但为了明确法律用语所指向的具体法律关系主体,亦不应当使用含义过广的术语。因而本条的释义均使用"抚养"这一术语。

身份关系的变化。因而收养关系成立后,应当允许养父母改变养子女的姓氏。《收养法》第 24 条对此进行了规定,即经当事人协商一致,养子女可以保留原姓,当然,养子女也可以随养父的姓,还可以随养母的姓。另外,《全国人民代表大会常务委员会关于〈中华人民共和国民法通则〉第九十九条第一款、〈中华人民共和国婚姻法〉第二十二条的解释》中也规定,如果被法定扶养人以外的人扶养,公民可以选择扶养人的姓氏作为自己的姓氏。

（三）有不违背公序良俗的其他正当理由

之所以设置这一选取"第三姓"的兜底性条款主要原因在于现代社会变化甚巨,人的个性需求不断多样化,在若干特殊情况下可允许变为"第三姓",但本款不宜任意扩张适用,原则上不应允许随意变更为第三姓。① 当然,若存在因早期姓氏填写错误或其他原因而与祖姓不同且意欲改回,并得到相关亲属同意的情形或者再若坚持父母姓氏将严重损及人格尊严及人格自由发展的情形,可以允许改为"第三姓"。② 当事人离婚后一方携子女再婚的情形下,继子女可以保留自己原来的姓,也可以随继父或继母的姓。若再婚时,因子女尚未成年而改随继父或继母的姓,其成年后有权改回原来使用的姓,但若继子女已有辨别能力,应当尊重其自己的意见。③ 不过,自然人选择父姓和母姓以外的姓氏是否存在正当理由,还须由法官根据具体个案进行认定。④

三、少数民族自然人姓氏的选取

一般而言,对于刚出生的婴儿民族成分,只能依据父或母的民族成分确定。不同民族的公民所生子女,进行出生申报登记时,应当由父母共同协商确定民族成分,民族成分经确认登记后,一般不得变更。在此基础上,该自然人姓氏的选取可以遵从本民族的文化传统和风俗习惯进行。之所以如此规定,主要是考虑到我国是一个多民族国家,有些少数民族的姓氏具有特殊的血缘传承功能,对维护本民族的文化传统和伦理秩序具有重要意义,应对各少数民族的文化风俗予以尊重。也就是说,少数民族自然人的姓氏,原则上可以不受

---

① 参见张红:《人格权各论》,高等教育出版社 2015 年版,第 56—57 页。
② 参见张红:《民法典之姓名权立法论》,《河北法学》2019 年第 10 期。
③ 参见张红:《人格权各论》,高等教育出版社 2015 年版,第 44—47 页。
④ 参见王利明:《人格权法研究》,中国人民大学出版社 2018 年版,第 374—375 页。

随父姓或母姓的限制,而按照本民族的文化传统和风俗习惯来选择。①

第一千零一十六条 自然人决定、变更姓名,或者法人、非法人组织决定、变更、转让名称的,应当依法向有关机关办理登记手续,但是法律另有规定的除外。

民事主体变更姓名、名称的,变更前实施的民事法律行为对其具有法律约束力。

释 义

本条是关于姓名、名称决定、变更登记及其法律效力的规定。

一、自然人决定、变更姓名的登记规则

本条规定自然人决定、变更姓名后须向有关机关办理登记,这主要是为了公法管理上的需要。一般而言,鉴于社会实际情况,姓名只有经过登记后才能够真正发挥其作用,因为在社会交往中,只有能够为他人实际承认的自然人的人格标识才具有信赖利益,他人才能够基于此信赖与之发生法律关系,例如与他人订立交易合同、办理银行卡等。并且自然人只有以登记的姓名才能够申请办理公法上的事务,如登记户口、办理身份证等。所以登记规则对于自然人姓名权的自由实质上造成了限制。但本书认为,这种限制是必要的。对姓名决定、变更自由的限制有着深刻的历史原因和伦理价值,姓名决定、变更固属重要的人格自由利益,是姓名权的核心内容,对内攸关人格尊严,对外展示个人形象,但这种自由不能以可能损害他人的信赖为代价,也不能给社会管理等方面造成重大障碍,尤其于社会管控方面意义重大,是一项公、私法上的综合议题。② 因此公权力对姓名决定、变更自由进行必要的限制不可或缺。

我国自然人姓名的决定、变更一般需要到公安机关办理,当然亦可诉求法院判决进行。公安机关一般按照《户口登记条例》《居民身份证法》以及公安机关的内部规定等来进行登记。对自然人决定名称的登记规则,依《户口登

---

① 参见王利明:《人格权法研究》,中国人民大学出版社 2018 年版,第 375 页。
② 参见张红:《人格权各论》,高等教育出版社 2015 年版,第 75 页。

记条例》第7条、《居民身份证法》第3条的规定,婴儿出生后,婴儿的监护人向户口登记机关申报出生登记时,应包含登记姓名在内。对民事主体变更姓名的登记规则,依《户口登记条例》第18条的规定,若公民变更姓名时未满十八周岁,需由本人或者父母、收养人向户口登记机关申请变更登记,若已满十八周岁,则由本人向户口登记机关申请变更登记。有学者认为,按照行为能力的规则,未成年人由于行为能力不健全,无法准确理解姓名所承载的社会含义和伦理意义,只能由其父母等法定监护人代为行使,这与《户口登记条例》第18条中将变更姓名的权利也赋予未成年本人相冲突,并且各地公安机关的实施细则也大都认同民法的一般规则。[1]

本书认为,未成年人可以单独向户口登记机关申请姓名变更登记肯认了未成年人的自由,《户口登记条例》第18条的规定相较民法行为能力的规则更具灵活性,也更加尊重自然人的自由,值得提倡,但对此不应持绝对开放的态度。主要理由为:由于我国现阶段有些监护人代子女行使姓名权利时,受家长观念影响,存在将其观念强加于子女姓名之上以彰显其个性而决定一些标新立异的怪名的情形,这很可能会对子女的成长造成不良影响,我国户籍管理机关享有户籍登记的实质与形式的双重审查权力,[2]应允许未成年子女在特殊情况下申请变更姓名登记。更为重要的是,未成年人之所以能够单独申请变更姓名还需其具有能够申请变更姓名的行为能力,不应当以"一刀切"的方式认为未成年人为限制或者无行为能力人而否认他们变更姓名的权利,且认为只有完全行为能力人才能够准确理解姓名所承载的社会含义和伦理意义过于绝对。恰当的做法是对申请变更姓名的未成年人行为能力进行具体分析,如果其对变更姓名有着明确的社会和伦理认知且监护人决定了对其造成不良影响的姓名,则应当允许其申请变更姓名,但应通知其监护人。

另外,1995年《公安部关于抚养人申请变更子女姓名问题的批复》、2002年《公安部关于父母离婚后子女姓名变更有关问题的批复》中也规定了申请姓名变更的相关规则。对于名的更改登记,应采改名从宽的原则,但应符合命名规范性与适当性要求,以法律规定为准绳,不违背公序良俗为底线。对于姓名变更次数,2007年公安部《姓名登记条例(初稿)》第20条规定成年人变更

① 参见张红:《人格权各论》,高等教育出版社2015年版,第69页。
② 参见张红:《人格权各论》,高等教育出版社2015年版,第71页。

姓名"以一次为限"。但一次为限有规制过度之嫌。我国台湾地区 2015 年将以前的改名"以二次为限"修订为"以三次为限"。以此例为鉴,关于变更姓名的次数或者以三次为限,或者不明文规定为佳。① 自然人变更姓名后,曾用名作为备用名仍然受法律保护。

二、法人、非法人组织决定、变更、转让名称的登记规则

法人、非法人组织决定、变更名称时,在一定的地域范围内不应当出现名称相同的现象。② 这与姓名可以重名不同,自然人的姓名之所以可以重名,是因为人格自由的需要,且重名不会导致人格混淆。但对法人、非法人组织并没有伦理上的要求,企业名称作为一种财产权,若允许名称相同可能出现由他人共同享有一种财产权利进而导致企业之间的不正当竞争,因而《企业名称登记管理规定》直接规定了企业名称不得重名。且法人、非法人组织名称的登记机关、登记程序以及特殊的登记事项等各方面都与姓名的登记规则有所不同。

2012 年修订的《企业名称登记管理规定》详细规定了法人、非法人组织决定、变更、转让名称的登记程序。其中,第 3 条规定:"企业名称在企业申请登记时,由企业名称的登记主管机关核定。企业名称经核准登记注册后方可使用,在规定的范围内享有专用权。"第 4 条规定:"企业名称的登记主管机关(以下简称登记主管机关)是国家工商行政管理局和地方各级工商行政管理局。登记主管机关核准或者驳回企业名称登记申请,监督管理企业名称的使用,保护企业名称专用权。"第 22 条规定:"企业名称经核准登记注册后,无特殊原因在 1 年内不得申请变更。"第 23 条规定:"企业名称可以随企业或企业的一部分一并转让。企业名称只能转让给一户企业。企业名称的转让方与受让方应当签订书面合同或者协议,报原登记主管机关核准。企业名称转让后,转让方不得继续使用已转让的企业名称。"

三、民事主体变更姓名、名称后,变更前实施的民事法律行为对其具有法律约束力

民事主体变更姓名、名称后,对于变更前由其以原有姓名、名称实施的民

---

① 参见刘练军:《姓名登记规范研究》,《法商研究》2017 年第 3 期。
② 参见王利明:《人格权法研究》,中国人民大学出版社 2018 年版,第 399 页。

事法律行为仍对其有效。这是因为,虽然民事主体在变更姓名、名称前后,其对外所表征的人格标识发生了变化,但是表征人格标识所依附的民事主体并未发生变化,因而虽然民事主体变更了姓名、名称,但对变更前由其所实施的民事法律行为仍应继续有效。民事程序法上的处理方式也是这个道理。如《最高人民法院关于适用〈中华人民共和国民事诉讼法〉的解释》(法释〔2015〕5 号)第 474 条规定:"在执行中,作为被执行人的法人或者其他组织名称变更的,人民法院可以裁定变更后的法人或者其他组织为被执行人。"

第一千零一十七条　具有一定社会知名度,被他人使用足以造成公众混淆的笔名、艺名、网名、译名、字号、姓名和名称的简称等,参照适用姓名权和名称权保护的有关规定。

释　义

本条是关于具有一定社会知名度的称谓参照适用姓名权和名称权保护的规定。

一、笔名、艺名、网名、译名及姓名的简称等参照姓名权保护

(一) 保护缘由

现实社会中,某些自然人往往在从事某些职业时并不使用真实姓名,而使用如笔名、艺名、网名、译名等称谓,当这些称谓达到能够识别个人身份,具有一定社会知名度并为相关公众所知悉时,[①]这些称谓就涉及姓名权保护范围的扩张问题。这是因为,一方面,这些称谓已与特定个人的身份、人格尊严产生了内在联系,对这些称谓的非法使用会对特定个人的公众形象及声誉等带来损害。另一方面,笔名、艺名、网名、译名等这些称谓在具有一定社会知名度为公众所知悉后往往具有一定的商业价值,对这些称谓的保护,有利于防止不诚实的商业行为和不正当竞争行为,维护社会经济秩序。

(二) 保护规则

首先,在称谓构造上,仅限于对特定自然人的称呼,且不要求与姓名具有

---

① 　参见王利明:《人格权法研究》,中国人民大学出版社 2018 年版,第 363 页。

姓氏与名字组合的相同构造,但称谓必须能够达到识别特定人的程度,①才能参照适用姓名权保护的有关规定。特定自然人对其称谓有与姓名同样的决定、变更权能并享有利益。

其次,具有一定社会知名度。具有一定社会知名度一般侧重于"量"的评价,是该称谓被公众知晓、了解的广度和深度,也是评价该称谓名气大小的客观尺度。

再次,被他人使用足以致使公众混淆。本条规定若参照适用姓名权的规则保护笔名、艺名、网名、译名等称谓需达到"混淆"的程度。有学者认为,对这些称谓的保护不应仅指侵害的事后救济,也应保护其本身的决定、变更等积极行使权利的方面,如果以必须达到"混淆"程度才受姓名权保护,那么没有导致混淆就不能受到姓名权的保护,如此就存在保护积极行使权利方面的漏洞,所以只要该称谓拥有一定的社会知名度、为一定公众所知晓,就应与姓名同样保护。② 本书认同这一观点。

二、字号及名称的简称等参照名称权保护

(一) 保护缘由

法人、非法人组织的名称是其作为市场主体的营业标识,可以起到识别商品或服务来源的作用。不过,法人、非法人组织不仅会使用名称还有可能会使用字号或名称的简称对外交往,这些简称也可以起到标识法人、非法人组织的作用,其性质也为一种财产权,应与名称权同样受保护。③ 例如,字号虽然不等同于企业名称,但字号是企业名称中最核心、最具有区别性的部分。④ 如《最高人民法院关于审理不正当竞争民事案件应用法律若干问题的解释》(法释〔2007〕2 号)第 6 条规定:"具有一定的市场知名度、为相关公众所知悉的企业名称中的字号,可以认定为反不正当竞争法第五条第(三)项规定的'企业名称'。"

---

① 参见张红:《〈民法典各分编(草案)〉人格权编评析》,《法学评论》2019 年第 1 期。

② 参见张红:《民法典之姓名权立法论》,《河北法学》2019 年第 10 期。

③ 参见王利明:《人格权法研究》,中国人民大学出版社 2018 年版,第 392 页。

④ 参见袁秀挺、杨馥宇:《字号知名度的认定及非知名字号的法律保护》,《人民司法》2011 年第 24 期。

（二）　保护规则

第一,关于字号的构造。2012 年修订的《企业名称登记管理规定》第 7 条第 1 款规定:"企业名称应当由以下部分依次组成:字号(或者商号,下同)、行业或者经营特点、组织形式。"一般而言,字号必须由两个以上的汉字组成,没有上限限制,如"同仁堂"。当然,也可以使用投资人名称的简称作为企业名称的字号,用以表明与本企业的隶属关系,如中国国际信托投资公司的直属企业多使用"中信"字号。字号的选择使用应当符合国家法律、行政法规的规定,如"中国"等字样不能用作字号,企业字号一般也不得使用行业字词,因为这无法区分在一个具体的企业名称中哪些字词是字号,哪些字词是行业或经营特点,容易使公众对企业的业务范围发生误认,不过判断时要分析该字词是否为修饰行业用语而定。

第二,具有一定社会知名度,被他人使用足以致使公众混淆。于实体法上而言,字号通过长期的使用,具有了如同企业名称一样的、可标识不同主体的作用。可以说,字号必须体现出较强的可识别性,可在不同的企业之间加以区分,这样字号才能受到法律的特别保护。字号的识别性在实践中主要体现为字号的知名度。于程序法上,字号的知名度应通过举证证明,按照"谁主张,谁举证"的原则,由原告通过举证的方式予以证明。《最高人民法院关于审理不正当竞争民事案件应用法律若干问题的解释》第 1 条明确规定:"原告应当对其商品的市场知名度负举证责任。"不过,客观上,不应过分苛求原告对其字号市场知名度的举证责任。一般而言,判断是否具有一定的市场知名度,以至于被他人使用造成混淆,需综合考量使用该字号的法人、非法人组织的规模,盈利状况,进行广告宣传的持续时间、程度和范围,名称或字号受到仿冒的情况等因素。同时,字号的知名度应有一定的范围限定,与企业的登记地域、行业领域相关联,客观上不能苛之过严。①

---

① 参见袁秀挺、杨馥宇:《字号知名度的认定及非知名字号的法律保护》,《人民司法》2011 年第 24 期。

第四章　肖　像　权

本章导言 ▶

　　肖像权为标表型人格权的一种。本章规定了肖像权的内容、禁止侵害及肖像权与著作权的冲突、肖像合理使用、肖像许可使用的有利解释原则、合同解除权,以及其他人格标识许可使用的参照适用、声音的保护三大块内容,共六个条文。

　　第一千零一十八条　自然人享有肖像权,有权依法制作、使用、公开或者许可他人使用自己的肖像。

　　肖像是通过影像、雕塑、绘画等方式在一定载体上所反映的特定自然人可以被识别的外部形象。

释　义

　　本条是关于肖像权内容的规定。至于侵害肖像权的损害赔偿责任,应依《民法典·侵权责任编》的规定确定。而停止侵害、排除妨碍、消除危险、恢复名誉的请求权则可诉诸《民法典》第 995 条、第 997 条处理。

一、肖像权的权利对象是自然人的外部形象

　　与《民法典》规定不同,学说上一般所谓肖像,是指通过绘画、摄像、雕塑等形式而形成的视觉形象。"肖像者,人之容姿之摹写也,分绘画、照相、雕刻等类。"[1] 当前通说认为,肖像权的权利对象是肖像利益。[2] 但利益虽与权利内容不同,

---

[1]　龙显铭:《私法上人格权之保护》,中华书局 1949 年版,第 407 页。

[2]　参见王利明:《人格权法研究》,中国人民大学出版社 2018 年版,第 421 页;杨立新:《人格权法》,法律出版社 2011 年版,第 445 页;姚辉:《人格权法论》,中国人民大学出版社 2011 年版,第 161 页;张红:《人格权各论》,高等教育出版社 2015 年版,第 159 页。

却同属权利人的自治领域,本质上均为权利的事实范畴,以利益为权利对象难以服人。① 因此,在肖像利益说之外,学界还存在肖像说、外部形象说两种有力学说。肖像说为早期通说,强调肖像权的对象为具体的物质形式或曰载体。② 外部形象说则认为,肖像权的对象为物质载体体现的外部形象。③ 本条采纳的是外部形象说。

应当承认,如果着眼于肖像的使用权能,则物质形式作为肖像权的对象有其道理。但当肖像权作为一项人格权时,其权利对象不可能是物质形式。"尽管肖像不能离开某种物质载体而存在,但肖像绝不是固定自然人形象的物质载体。因此,在保护自然人的肖像权上应当将肖像与以某种方式固定自然人形象的物质载体区别开。"④值得注意的是,有学者虽然认为肖像权的对象为肖像,但又赋予肖像不同于物质形式的意义,实质上仍为外部形象说。⑤

就外部形象的范围而言,学界存在面貌说与体貌说的争论。面貌说认为,只有面部特征或形象才是肖像权的保护对象。⑥ 但显然,作为通说的体貌说更为合理。肖像的核心在于其具有可识别性,⑦因此,可识别性而非面部特征才是肖像的本质要素。"肖像固以人之面部特征为主要内容,但应从宽解释,凡足以呈现个人外部形象者,均包含在内,例如拍摄某模特众所周知的'美腿'作为商品广告,可辨识其人时亦得构成对肖像权的侵害。"⑧"肖像权……不能作'部分'式的切割……人的体貌也是有个性差异的,只是作为识别的基础,大大逊色于面部。"⑨

应当说明的是,作为肖像权对象的体貌不包括表演者塑造的形象、声音。

---

① 参见曹相见:《权利客体的概念构造与理论统一》,《法学论坛》2017 年第 5 期。
② 参见吕彦:《公民肖像权若干问题探讨》,《现代法学》1990 年第 4 期。
③ 参见隋彭生:《论肖像权的客体》,《中国法学》2005 年第 1 期;王成:《侵犯肖像权之加害行为的认定及肖像权的保护原则》,《清华法学》2008 年第 2 期。
④ 郭明瑞、张玉东:《肖像权三题》,《浙江工商大学学报》2014 年第 1 期。
⑤ 如王泽鉴教授认为,"肖像权存在于个人自己肖像的权利",所谓"肖像指个人所呈现之面貌等外部形象"。王泽鉴:《人格权法》,北京大学出版社 2013 年版,第 140 页。
⑥ 参见王利明:《人格权法研究》,中国人民大学出版社 2018 年版,第 418 页;郭明瑞、张玉东:《肖像权三题》,《浙江工商大学学报》2014 年第 1 期。
⑦ 参见王叶刚:《论肖像的可识别性及其判断》,《四川大学学报(哲学社会科学版)》2018 年第 3 期。
⑧ 王泽鉴:《人格权法》,北京大学出版社 2013 年版,第 141 页。
⑨ 隋彭生:《论肖像权的客体》,《中国法学》2005 年第 1 期。

肖像是通过特定形式来表彰主体自身,因此即便漫画形象也可能构成肖像;但表演者形象是主体塑造的区别于自身的角色,与肖像在功能上截然不同,只能通过著作权获得保护。声音虽然可以表彰主体自身,但并不属于外部形象的范畴,而是与作为文字符号的姓名、作为外部形象的肖像并列的人格标识。

二、肖像的他为性与隐私性

主流意见将肖像使用界定为一种专有权,认为无论是否以营利为目的,擅自使用他人肖像即构成肖像权侵权。[①] "自然人享有肖像专有权,得以合法方式自行使用其肖像或者许可他人使用其肖像,以满足其精神需要或者以此获得财产利益。"[②]此外,本条将肖像公开作为肖像权权能,学说上也多予认可。[③] 但这可能是未意识到肖像的他为性与隐私性而造成的误解。

作为表征主体的符号,肖像、姓名等人格标识具有同一性,即符号与主体之间存在稳定联系。可以说,同一性是人格标识的内在属性;没有同一性,人格标识就没有存在的意义。人格标识由此具有他为性,方便他人在某种程度上的正确使用,这也是人格标识的价值之一。例如,"姓名起了就是让他人叫的",通常所谓"某人的姓名",非指某人才有权使用,而是指该姓名对某人才具有同一性。本质上,肖像也具有他为性,只是肖像的他为性程度要低,仅在特殊必要场合才存在。[④]

不过,人格标识的他为性具有相对性。在人格标识上存在隐私期待时,姓名、肖像的他为性就被隐私性取代,未经同意公开姓名、肖像就构成隐私侵权,只是此种主观隐私期待应当具备客观合理性。而与姓名相比,肖像上的他为性要更低,存在合理隐私期待的情形就更多。例如,身份证、评选表上的肖像具有他为性,但在其他非必要场合擅自公开他人肖像则侵害了权利人的合理隐私期待。所以说,擅自公开他人肖像,与其说是侵害了肖像权,毋宁是侵害了隐私权。

---

① 参见张俊浩主编:《民法学原理》(上册),中国政法大学出版社 2000 年版,第 150 页。
② 梁慧星主编:《中国民法典草案建议稿附理由·总则编》,法律出版社 2013 年版,第 60 页。
③ 参见王泽鉴:《人格权法》,北京大学出版社 2013 年版,第 141 页;[日]五十岚清:《人格权法》,铃木贤、葛敏译,北京大学出版社 2009 年版,第 130 页。
④ 参见房绍坤、曹相见:《标表型人格权的构造与人格权商品化批判》,《中国社会科学》2018 年第 7 期。

三、肖像权的权能结构

1. 肖像权权能由制作和使用组成。

按照本条规定,肖像权的权能为"制作、使用、公开或者许可他人使用"。从文义上看,"使用"指权利人的非商业利用,"公开"则指权利人自己进行的商业利用,只有这样,"使用""公开"才能与"许可他人使用"并列。但就肖像的使用而言,如前所述,肖像具有他为性,他人在此范围内可自由使用(正确使用),只有在商业利用或者存在合理隐私期待时,使用他人肖像才应获得许可或同意。因此,除不正确使用侵害肖像的同一性、公开肖像构成隐私侵权的情形之外,"使用""公开""许可他人使用"实际上规定的是肖像权人的商业利用权。这样,本条实际上只规定了肖像权的制作与商业使用两种权能。

2. 肖像制作与商业利用性质相异。

本条统一规定肖像的制作与商业利用权能,似可得出立法者赞同肖像上兼有人格利益与精神利益的结论。但从民法典编纂的过程来看,也存在相反解释的可能:《人格权编(草案)》(三审稿)以前,历次草案规定的是"人格权不得放弃、转让、继承,但法律另有规定的除外",由于学者对人格权商业利用(尤其是人格权商品化)争议较大,所以"三审稿"删除了但书规定。在学说上,虽然认为人格权兼有精神与财产利益的主张居于主流地位,但反对意见也不在少数。本书认为,虽然立法同时规定肖像的制作(形成)与商业利用为肖像权权能,但这只是肖像权从商业利用权到人格权的扩张中的矛盾产物,肖像的制作与使用性质迥异,无法共存于一个权利对象,应将肖像权限于肖像的制作自由,使肖像使用权作为特殊的财产权。①

或有人认为,对物使用的自由,当然也包含人格的因素,因此标表型人格权完全可以兼有人格与财产要素。这种观点似是而非,以物权为例:物权作为以物为权利对象的权利,包含了对物支配的自由,但物权并不因此成为人格权,因此权利内容的自由为权利的共性;同理,使用肖像的自由并不使肖像使用权成为人格权,肖像成为人格权的使命,只能由肖像制作来完成。不过,虽然肖像使用权是财产权,但其价值的体现与物权截然不同,即肖像的商业利用

---

① 参见房绍坤、曹相见:《标表型人格权的构造与人格权商品化批判》,《中国社会科学》2018 年第 7 期。

不体现为交换价值(事实上肖像也无法交换),而是体现为肖像所表征的主体的个性化人格的促销价值。如同姓名一样,基于肖像使用权与肖像人格权的血缘关系,同时也考虑到学界关于肖像权权能的习惯思维,将肖像使用权与肖像制作权规定在一起,也是可以接受的做法。

四、关于集体肖像问题

在集体拍摄的肖像中,个人是否享有独立的肖像权?对此,王利明教授认为,集体肖像原则上归属于集体,但个人也享有一定利益:在人数较少、个人肖像可辨识的情形下,集体肖像中形象突出的人享有独立的肖像权,不突出的人则只能主张集体肖像权;在人数众多、个人肖像不可辨识的情形下,个人只能主张集体肖像权。① 郭明瑞教授则认为,个人是否享有独立的肖像权,应视其能否辨识而定:如果能够加以辨识,则其在享有集体肖像权的同时也享有个人肖像权;反之则仅享有集体肖像权,而无个人肖像权。②

在集体肖像的解释中,不能忽视的一个问题是,其利益形态因人格或财产而有不同。就人格利益而言,肖像具有独立性。如同重名不会导致姓名权人的人格混同一样,个人肖像也不因与他人的物理结合而被混淆。"自然人的肖像一旦呈现,其本人便对该肖像拥有法律上之权利,可让与而不可被剥夺。因此,虽有集体肖像之事实,其中个体肖像上之权利依然独立存在。"③因此,集体肖像不具有人格上的独立性,集体肖像权是不存在的。"肖像是自然人形象的外在表现,肖像权只能为自然人享有。"④但在肖像以财产利益出现之时,所谓的集体肖像就是财产利益的共有,其处分应类推适用物的共有规则。

第一千零一十九条 任何组织或者个人不得以丑化、污损,或者利用信息技术手段伪造等方式侵害他人的肖像权。未经肖像权人同意,不得制作、使用、公开肖像权人的肖像,但是法律另有规定的除外。

未经肖像权人同意,肖像作品权利人不得以发表、复制、发

---

① 参见王利明:《人格权法研究》,中国人民大学出版社2018年版,第441页。
② 参见郭明瑞、张玉东:《肖像权三题》,《浙江工商大学学报》2014年第1期。
③ 张红:《肖像权保护中的利益平衡》,《中国法学》2014年第1期。
④ 郭发产:《"集体肖像权"的法律问题》,《法学》2003年第6期。

行、出租、展览等方式使用或者公开肖像权人的肖像。

释 义

本条是关于肖像权侵权类型的规定。一般而言,对侵权行为的禁止规定属于侵权法的范畴。但本条的目的不在于凸显侵害肖像权的侵权责任,而是从侵权行为角度进一步明确肖像权的边界。正因为如此,本条既有基于肖像权权能的禁止类型,也有非基于肖像权权能的禁止规定。从这个意义上来讲,本条规定于人格权编有其合理性。当然,在《民法典》第1018条已规定肖像权内容的情况下,再从侵权法角度试图进一步明确其边界,在技术上是否有必要值得推敲,在效果上是否成功也有待观察。

一、丑化、污损他人肖像并非侵害肖像权

按照本条第1款第一句前半部分规定,丑化、污损他人肖像构成肖像权侵权。但肖像作为标表型人格权的权利对象,核心在于肖像与权利人之间的稳定联系,即肖像的同一性是肖像利益的基础。而丑化、污损他人肖像既未妨碍肖像的同一性,也未损及建立在同一性基础上的肖像制作、使用权能,因此难谓构成肖像权侵权。

《最高人民法院关于贯彻执行〈中华人民共和国民法通则〉若干问题的意见(修改稿)》第159条规定:"以侮辱或者恶意丑化的形式使用他人肖像的,可以认定为侵犯名誉权的行为。"值得注意的是,名誉作为"他人对民事主体的品德、声望、才能、信誉、信用等的社会评价",侵权手段多为事实陈述和意见表达。而丑化、污损主要侵害的还是尊严感(自尊心),能否认定为侵害名誉也不无疑问。[①] 在解释上,宜将丑化、污损他人肖像认定为侵害法定人格权之外的一般法益。

二、利用信息技术手段的伪造侵害了肖像权

所谓利用信息技术手段伪造的方式侵害肖像权,是指破坏肖像与自然人

---

① 参见温世扬:《民法典人格权编草案评议》,《政治与法律》2019年第3期;曹相见:《人格权法定的宪法之维与民法典编纂》,《浙江社会科学》2020年第2期。

之间稳定联系的侵权行为。在大数据背景下,通过图像 PS 技术、视频换脸技术破坏肖像同一性的侵权行为层出不穷。有学者称之为"深度伪造"技术,即通过机器学习,让计算机在生成具有统计相似性的假实例之前从真实数据中学习,创造出虚假的"现实",让人真假难辨,形成眼见未必为实的后果。① 与丑化、污损肖像不同,此种信息技术破坏了肖像的同一性,属于不正确使用肖像的行为,因而构成肖像权侵权。当然,不正确使用他人肖像,往往伴随着其他侵权目的,如侮辱他人人格或降低他人名誉。在法律效果上,可以构成请求权聚合。

三、擅自制作、使用、公开他人肖像的行为

本条第 1 款第二句规定:"未经肖像权人同意,不得制作、使用、公开肖像权人的肖像,但是法律另有规定的除外。"如前所述,肖像权的权能包含肖像制作和商业利用两种,公开他人肖像或者构成隐私侵权,或者为商业利用所囊括,不为独立的权能。因此,本句前半部分实为对《民法典》第 1018 条的复述。所谓"法律另有规定",是指《民法典》第 1020 条规定的合理使用肖像的行为。

四、肖像权与著作权的冲突及化解

如果肖像制作人并非肖像权人,肖像制作又获后者同意的情况下,就会发生肖像权与著作权的冲突。对此,首先应当明确的是,在无特别约定的情况下,肖像权人同意的范围限于肖像制作,而不包含肖像的商业利用和隐私利益的放弃。国家版权局《关于对影楼拍摄的照片有无著作权的答复》(国权办〔1997〕12 号)第 3 项也规定:"由于照片还可能涉及顾客的肖像权,因此影楼在行使著作权时应遵守民法通则第一百条的规定,即营利性使用照片,须事先取得肖像权人的许可。"

关于著作权与肖像商业利用的关系,有约定的,从其约定。在无约定的情况下,肖像权人可以在尊重作者著作人格权的前提下,基于委托目的使用该作品,而以营利为目的使用因与著作财产权相冲突,必须经著作权人同意。同样

---

① 参见杨立新:《人格权编草案二审稿的最新进展及存在的问题》,《河南社会科学》2019 年第 7 期。

的道理,著作权人就该作品行使发表权、著作财产权时,必然涉及与肖像人格权之冲突,亦须经肖像权人同意。①

但若肖像权人为模特的情况下,情况较为不同。模特对自身职业的特殊展示性具有清晰认识,模特原则上不可以对以其为原型的作品主张肖像权,但这限于作品的艺术使用即发表和展览,不包括复制、发行等营利性使用。因为模特所收取的报酬为劳务费而非肖像许可使用费。② 当然,如果模特认识到或应当认识到肖像作品创作人将要发表、展览、复制、发行肖像作品,而没有提出反对意见的,应推定肖像权人同意著作权人行使对肖像作品的著作权,但将作品用于纯商业性目的的情况除外。③

如果著作权的行使涉及隐私,例如作品是裸体作品,则即便肖像权人是模特,作品公开均需经过肖像权人同意。

第一千零二十条　合理实施下列行为的,可以不经肖像权人同意:

(一)为个人学习、艺术欣赏、课堂教学或者科学研究,在必要范围内使用肖像权人已经公开的肖像;

(二)为实施新闻报道,不可避免地制作、使用、公开肖像权人的肖像;

(三)为依法履行职责,国家机关在必要范围内制作、使用、公开肖像权人的肖像;

(四)为展示特定公共环境,不可避免地制作、使用、公开肖像权人的肖像;

(五)为维护公共利益或者肖像权人合法权益,制作、使用、公开肖像权人的肖像的其他行为。

释　义

本条是关于肖像合理使用的规定,范围上不包含肖像的商业利用。

① 参见张红:《肖像权保护中的利益平衡》,《中国法学》2014年第1期。
② 参见张红:《肖像权保护中的利益平衡》,《中国法学》2014年第1期。
③ 参见程啸、杨明宇:《肖像权与肖像作品著作权冲突的研究》,《四川大学学报(哲学社会科学版)》2000年第3期。

一、基于他为性的肖像合理使用法定类型

基于他为性的肖像合理使用限于非商业目的的肖像使用行为,不包括肖像的制作行为。本条第1项规定即属于此种类型:为个人学习、艺术欣赏、课堂教学或者科学研究,可使用肖像权人已经公开的肖像。此外,在为肖像权人自己利益的情形,肖像也具有他为性。如肖像权人失踪,其亲友为寻人可将其照片登载于寻人启事上。因此,本条第5项规定为肖像权人合法利益而使用、公开其肖像的行为无须肖像权人同意。不过,肖像的他为性是一个相对概念,使用不当可能超出他为性的范围,所以使用要在必要的范围之内。

二、基于公共利益而制作与使用肖像的行为

肖像权人享有肖像制作的专有权无疑,但在一些特殊场合有予以限制的必要,如本条规定的实施新闻报道、国家机关依法履行职责、展示特定公共环境,以及为维护公共利益或者肖像权人利益的合理情形。在此情形下,由于肖像的他为性限于肖像权人已公开的肖像,因此,在肖像权人未公开其肖像之时,肖像权人对其肖像存在合理的隐私期待,并且不因是否在公众场合而有不同,此即隐私公开的相对性问题。[1] (关于隐私的相对性,参见本书关于《民法典》第1032条释义)。因此,此时肖像使用的正当性基础与其说是对肖像权的限制,毋宁说是对隐私权的限制。当然,即便是对隐私权的限制,在已有法律规定的情况下,还应遵循比例原则。例如,新闻报道为展示特定公共环境可以公开肖像权人肖像,但若报道内容有损权利人的形象(如报道卖淫嫖娼),则不应公开。

三、肖像合理使用的其他类型

本条第5项规定了为维护公共利益而使用他人肖像的其他合理情形,基于公共利益的模糊性,本项规定具有一定的兜底作用。例如,在解释上,纪念馆、档案馆、博物馆、美术馆等为陈列或保存版本的需要复制、保存、展览肖像的行为即属于本条。但本项规定显然无法对其他非基于公共利益而使用他人

---

① 参见房绍坤、曹相见:《论个人信息人格利益的隐私本质》,《法制与社会发展》2019年第4期。

肖像的合理行为作出解释。例如,为介绍、评论某一作品或者说明某一问题,可善意使用他人肖像。当然,此种介绍、评论可能与商业利用相关,原则上应予禁止,但若肖像权人已授权他人商业使用,则为说明这一事实,纵使实效上有助于商业推广,也应认定为合理使用。① 又如,用人单位、评选单位为辨识的必要,得在不侵害隐私的范围内使用员工、参评人的肖像。

第一千零二十一条 当事人对肖像许可使用合同中关于肖像使用条款的理解有争议的,应当作出有利于肖像权人的解释。

释 义

本条是关于有利于肖像权人解释原则的规定。本条确立了在肖像许可使用中优先保护肖像权人的原则,为我国法上的创举。②

一、有利于肖像权人解释的适用前提

有利于肖像权人的解释,即不利于被许可人的解释。此种有利于一方、不利于另一方的解释方法,又称有利解释或不利解释。罗马法谚有云:"歧义理解时应为不利于出卖人之解释。"其当下意义在于:"今日社会上通行之定型化契约或附合契约,其条款已由出卖人(他如保险人、运送人、银行)预先拟定,而买受人属于外行,只有同意签订,而无讨价还价之余地。故遇有疑义时,应依照上述法谚之意旨而解释,始足以保护消费者之利益。"③《合同法》第41条与《保险法》第30条也确立了这一原则,前者不利于格式条款提供方,保护处于弱势地位的消费者;后者不利于保险人,保护处于弱势地位的被保险人和受益人。④

但无论是《合同法》第41条,还是《保险法》第30条,均强调对格式条款

---

① 参见张红:《民法典之肖像权立法论》,《学术研究》2019年第9期。
② 参见温世扬:《民法典人格权编草案评议》,《政治与法律》2019年第3期。
③ 郑玉波:《法谚》(一),法律出版社2007年版,第87页。
④ 参见最高人民法院经济审判庭编著:《合同法释解与适用》(上),新华出版社1999年版,第178页;奚晓明主编:《〈中华人民共和国保险法〉保险合同章条文理解与适用》,中国法制出版社2010年版,第197页。

有争议时,首先按照通常理解予以解释。只有在对合同条款有两种以上解释时,方可适用有利解释原则。这在学理上也广受认可。[①] 或者说,如果解释合同没有疑义,即合同条款只有一个合理解释,就不得适用有利解释规则。[②] 而在肖像许可使用中,主体间的强弱失衡并不明显,更有谨慎适用有利解释原则的必要。为此,对本条的适用前提,应秉持体系解释原则予以限缩:在当事人有争议时,首先诉诸《民法典》第 142 条第 1 款、《民法典》第 466 条第 2 款予以确定[③],只有在对合同条款有两种以上解释时,才按照有利于肖像权人的原则进行解释。

二、有利于肖像权人解释的适用范围

仅限定有利解释的适用前提,只是确定了有利解释在意思表示解释、合同条款解释中的体系位置。为弘扬私法的意思自治精神,避免法律家长主义的不当干预,还应结合规范目的对有利解释的范围进行界定。如在保险合同的有利解释中,权威司法机关的释义言明:"不利解释规则存在的目的在于运用实质争议的价值目标平衡处于不平等地位保险合同双方的权益,以实现双方权益的公平,因此对于地位平等、基于自主意志确定保险合同的双方当事人而言,其签订的保险合同就没有适用不利解释原则的必要性。"[④]

因此,恰当的做法是,把不存在结构性不平等的肖像许可使用排除在本条的调整范围之外,从而与《民法典》第 498 条的立场保持一致,将本条的适用范围限定于被许可人提供的格式合同之解释。[⑤] 可资对比的是,在保险合同

---

① 参见温世扬:《民法典人格权编草案评议》,《政治与法律》2019 年第 3 期;李泓祎:《有利解释原则的适用与限制》,《山东社会科学》2011 年第 11 期。

② 参见崔建远:《合同解释规则及其中国化》,《中国法律评论》2019 年第 1 期。

③ 《民法典》第 142 条第 1 款规定:"有相对人的意思表示的解释,应当按照所使用的词句,结合相关条款、行为的性质和目的、习惯以及诚信原则,确定意思表示的含义。"《民法典》第 466 条第 2 款规定:"合同文本采用两种以上文字订立并约定具有同等效力的,对各文本使用的词句推定具有相同含义。各文本使用的词句不一致的,应当根据合同的相关条款、性质、目的以及诚信原则等予以解释。"

④ 奚晓明主编:《〈中华人民共和国保险法〉保险合同章条文理解与适用》,中国法制出版社 2010 年版,第 197 页。

⑤ 《民法典》第 498 条规定:"对格式条款的理解发生争议的,应当按照通常理解予以解释。对格式条款有两种以上解释的,应当作出不利于提供格式条款一方的解释。格式条款和非格式条款不一致的,应当采用非格式条款。"

中,如果投保人为经济实力雄厚的大企业,或者保险经纪公司为适应顾客需要而自拟保险单或者代投保人与保险人进行协商的情形,也不能适用不利解释规则。① 值得注意的是,在肖像权的商业利用中,存在一种不同于肖像使用权的个性化精神利益,旨在防止肖像权人与物和商品发生归属上的混淆,这无疑也应当受到法律的保护。②

第一千零二十二条 当事人对肖像许可使用期限没有约定或者约定不明确的,任何一方当事人可以随时解除肖像许可使用合同,但是应当在合理期限之前通知对方。

当事人对肖像许可使用期限有明确约定,肖像权人有正当理由的,可以解除肖像许可使用合同,但是应当在合理期限之前通知对方。因解除合同造成对方损失的,除不可归责于肖像权人的事由外,应当赔偿损失。

释 义

本条是关于肖像许可合同解除权的规定。按照是否明确约定使用期限为标准,本条规定了期限未约定或约定不明确时的任意解除权,以及有明确约定时的特殊解除权。

一、期限未约定或约定不明确时的任意解除权

所谓任意解除权,是指享有解除权的一方可以随时解除合同的权利。对此,《民法典》第 563 条第 2 款规定:"以持续履行的债务为内容的不定期合同,当事人可以随时解除合同,但是应当在合理期限之前通知对方。"值得注意的是,肖像许可合同中的任意解除权非专属于某一方的权利。虽然双方都可以随时解除合同,但应当在合理期限内通知对方,也即解除合同的意思到达对方一段时间后,才能产生法律效果。至于何谓"合理期限",应当结合具体

① 参见奚晓明主编:《〈中华人民共和国保险法〉保险合同章条文理解与适用》,中国法制出版社 2010 年版,第 197 页。

② 参见房绍坤、曹相见:《标表型人格权的构造与人格权商品化批判》,《中国社会科学》2018 年第 7 期。

案情,以对方采取替代措施的准备时间为准。

但任意解除权并非毫无限制。以较为典型的委托合同为例,学界的普遍立场是,任意解除权应当根据委托合同为民事无偿还是商事有偿加以区分。民事无偿合同因以信赖关系为基础,故双方当事人均可享有任意解除权;而在商事有偿合同中,对价关系重于信赖关系,故当事人不应享有任意解除权。① 此外,还有学者认为,如果合同中兼有委托合同和其他合同的类型要素,则当事人不得享有任意解除权。② 典型合同如演艺经纪合同,由于其融委托、行纪、居间、规划培养、许可利用、公司管理、劳动等多种合同于一体,故无委托合同任意解除权的适用空间。③

那么,人格标识许可使用合同的任意解除权要不要受限呢?本书认为,人格标识许可使用虽然属于商业利用,并不以当事人之间的人身信赖为前提,但当事人的任意解除权仍不应受到限制。理由在于,人格标识的商业价值系通过与人格标识具有稳定联系的主体的个性化人格的促销功能实现的,不可避免地涉及人格标识个性化精神利益,由于其既涉及人格利益的自主性,价值发挥也依赖于主体的人设,故无法完全适用传统民法以财产为中心的合同解除规则,而应授予各方在合理期限内的任意解除权。但由此造成的损害范围应是解除时间不当造成的直接损失和可得利益。

二、期限明确时肖像权人的特殊解除权

一般而言,关于合同的解除,除法定任意解除、双方协议解除、约定解除的情况下,只能适用法定解除。关于合同的法定解除,《民法典》第 563 条第 1 款规定:"有下列情形之一的,当事人可以解除合同:(一)因不可抗力致使不能实现合同目的;(二)在履行期限届满之前,当事人一方明确表示或者以自己的行为表明不履行主要债务;(三)当事人一方迟延履行主要债务,经催告后在合理期限内仍未履行;(四)当事人一方迟延履行债务或者有其他违约行为致使不能实现合同目的;(五)法律规定的其他情形。"(原《合同法》第 94 条)

---

① 参见刘承韪:《论演艺经纪合同的解除》,《清华法学》2019 年第 4 期;吕巧珍:《委托合同中任意解除权的限制》,《法学》2006 年第 9 期。
② 参见崔建远、龙俊:《委托合同的任意解除权及其限制》,《法学研究》2008 年第 6 期。
③ 参见刘承韪:《论演艺经纪合同的解除》,《清华法学》2019 年第 4 期。

按照本条第 2 款规定,当事人对肖像使用期限有明确约定的,肖像权人在有正当理由的情况下,可以解除肖像许可使用合同。这就赋予肖像权人在现有解除类型之外的特殊解除权。关于"正当理由"的解释,学界存在两种不同意见。一种意见持谨慎态度,认为此处的正当理由应限于《合同法》第 94 条规定的情形,除不可抗力导致合同目的不能实现、迟延履行、对方根本违约等情形外,不可随意解除合同。[1] 开放态度也分为两种立场:一是认为因时间流逝导致许可基础不存在,或商业利用行为侵害了许可人的一般人格权,才能构成许可人解除合同的正当理由[2];二是主张正当理由为影响人格权人尊严的因素,个人价值、宗教信仰、政治立场、兴趣偏好等均在此列。[3] 后者实际上是主张赋予人格权人任意解除权。[4]

本书认为,既然法律特别保护肖像权人的理由是基于个性化精神利益的考虑,那解除合同也应限于与个性化利益冲突的情形,否则无异于赋予肖像权人任意解除权,严重破坏合同应当信守的信条。所谓与个性化利益冲突,是指被许可人因违法或不道德行为导致声誉降低,进而可能对肖像权人的形象造成不利影响。否则,不得解除合同。值得注意的是,肖像权人在行使特殊解除权时,仍应在合理期限内通知对方,并赔偿对方因解除合同造成的损失,但存在不可归责于肖像权人的事由除外。

第一千零二十三条　对姓名等的许可使用,参照适用肖像许可使用的有关规定。

对自然人声音的保护,参照适用肖像权保护的有关规定。

释　义

本条是关于肖像许可使用规则参照适用以及声音保护的规定。

---

[1]　参见张红:《民法典之肖像权立法论》,《学术研究》2019 年第 9 期。
[2]　参见刘召成:《人格商业化利用权的教义学构造》,《清华法学》2014 年第 3 期。
[3]　参见廖焕国:《论人格权许可使用合同的法定解除》,《暨南学报(哲学社会科学版)》2019 年第 8 期。
[4]　参见王叶刚:《人格权商业化利用与人格尊严保护关系之辨》,《当代法学》2018 年第 3 期。

一、肖像许可使用的参照适用

关于参照适用的范围,本条第 1 款只作了"姓名等"的笼统规定。对此,学界存在两种不同理解。一是认为,除生命权、身体权、健康权等物质性人格权与人身无法分离之外,其他人格权益原则上均可以进行商业化利用。[①] 二是将商业利用的范围限于标表型人格权。"艺人、明星或名人将自己的肖像、姓名、声音等人格要素使用在商品或服务上是现代社会非常普遍的现象,被称为'人格权的商品化'。"[②]由于我国学者通常在第二种意见的意义上使用人格权商品化概念,人格标识许可使用的范围也应限定于标表型人格权。[③] 应当强调的是,由于人格权本身不能商品化,因此许可使用的只是人格标识的商业利用。

值得注意的是,《民法典》第 993 条将法人的名称也包含在内,《人格权编(草案)》(三审稿)第 803 条也曾将名称列入,但 2019 年 12 月 16 公布的《民法典(草案)》又将其删除。因此,在解释上应认为,法人、非法人组织的名称虽得为许可使用,但不能参照适用肖像许可使用的有关规则。事实上也确实如此,与姓名等人格标识的许可使用不同,法人、非法人组织的名称的许可使用以不丧失企业名称的唯一性为前提,必须采取标识许可使用的地域等方式与原企业名称区别开来。因此,本条第 1 款关于"姓名等"的规定,应解释为包含姓名、声音等的人格标识。

就参照适用的对象(即规则)而言,既然是参照"肖像权许可使用的有关规定",那就限于《民法典》第 1021 条的有利解释规则,以及第 1022 条的任意解除权、特殊解除权。

二、自然人声音保护的参照适用

声音应受法律保护无疑,但如何保护却存在不同的意见。一种意见主张通过肖像权的扩张保护来实现声音权保护的目的,这实际上是使声音的保护

---

① 参见王叶刚:《人格权商业化利用与人格尊严保护关系之辨》,《当代法学》2018 年第 3 期。

② 黄芬:《人格要素的财产价值与人格权关系之辨》,《法律科学》2016 年第 4 期。

③ 参见房绍坤、曹相见:《标表型人格权的构造与人格权商品化批判》,《中国社会科学》2018 年第 7 期。

类推适用肖像许可利用规则。① 另一种意见认为,从权利的构成来看,声音权符合独立人格权的要求,也有独立的事实和逻辑基础,民法典应将其规定为独立权利。② 民法典草案规定声音的保护后,有学者认为:"这是在规定人格权公开权许可使用规则的基础上,不仅确认了声音权是自然人的人格权,而且对声音权也适用公开权的保护方法。"③

确实,在信息社会,不仅姓名、肖像可以成为人的标识,进行商业利用,声音、个人信息也具有这些功能。在体系上,与姓名作为文字标识、肖像作为图像标识不同,声音作为一种语音识别,应获得与姓名、肖像一样的地位。对此,史尚宽先生早有论断:"声音表示人格之特征,为人格之重要利益,与姓名、肖像相同。"④在比较法上,域外立法也普遍对声音的保护加以规范。例如,《秘鲁共和国新民法典》第15条第1款规定:"未取得本人明确授权,不得利用其肖像和声音,或在本人已死亡时,只能按顺位经其配偶、卑血亲、尊血亲或兄弟姐妹同意,方可利用之。"⑤

本条第2款规定对自然人声音的保护,参照适用肖像权保护的有关规定。在解释上,应认为是除许可利用特殊规则之外,对声音上人格自由和经济利益的全面保护,包含自然人对其声音的录制专有权、商业利用权。因此,未经同意不得录制他人声音,也不得将他人声音进行商业利用(如用作导航提示)。当然,对声音的保护也应受到合理使用的限制,适用规范则为《民法典》第1020条规定。但声音也具有他为性,因此,在不存在隐私期待和商业利用的情形下,他人也得因交流等必要情形使用他人声音。

较为特殊的是,声音可能被他人模仿,那么,模仿他人声音能否构成侵权?对此,应从两个方面进行认定。一是在人格自由的意义上,模仿声音是否构成侵权应以是否混淆声音的同一性为标准:如果混淆了他人声音的同一性,本质上就是假冒他人,侵害了权利人对其声音的同一性利益;如果没有混淆同一性,如因交流需要而使用声音,那就在声音的他为性范围之内。二是在商业利用的情形下,模仿声音往往以表演的形式出现,是否侵害被模仿者的表演权,

---

① 参见王利明:《人格权法研究》,中国人民大学出版社2018年版,第444页。
② 参见杨立新、袁雪石:《论声音权的独立及其民法保护》,《法商研究》2005年第4期。
③ 杨立新:《人格权编草案二审稿的最新进展及存在的问题》,《河南社会科学》2019年第7期。
④ 史尚宽:《债法总论》,中国政法大学出版社2000年版,第157页。
⑤ 《秘鲁共和国新民法典》,徐涤宇译,北京大学出版社2017年版,第5—6页。

应依《著作权法》第 22 条关于作品合理使用的规定认定。本书认为,在此情形下,行为人既未混淆他人声音的同一性,也未侵害他人的表演权,他人声音对模仿行为的意义,只是作为一个学习对象,因此,即便声音的模仿行为与商业利用有关,也不应认定为侵权。可见,对于声音的模仿不能一概禁止,否则将过分限制一般人的行为自由。①

---

① 参见张红:《民法典之肖像权立法论》,《学术研究》2019 年第 9 期。

第五章　名誉权和荣誉权

███ 本章导言 ▶

　　本章规定了名誉权和荣誉权，包括名誉的范畴及名誉权不受侵害，新闻报道、舆论监督等行为影响名誉但不承担民事责任，文学、艺术作品侵害名誉权须承担民事责任，报刊、网络等媒体侵害名誉权时受害人的救济措施，民事主体与征信机构等信用信息处理者之间的法律关系以及荣誉权的规定，总共八个条文。

　　第一千零二十四条　民事主体享有名誉权。任何组织或者个人不得以侮辱、诽谤等方式侵害他人的名誉权。

　　名誉是对民事主体的品德、声望、才能、信用等的社会评价。

释　义

　　本条是关于名誉权及其不可侵性的规定。

一、名誉权的对象

　　名誉权是自然人、法人及非法人组织对其所获得的名誉享有的保持及不受他人侵害的权利。对自然人名誉权而言，人格发展的可能性依赖于自然人给社会或他人留下的印象或价值评价，法律应该保护自然人的人格在社会公开领域不受贬损性表达和歪曲性表达的侵犯。[①] 对法人、非法人组织而言，法人、非法人组织的名誉是其维持良好社会形象并保有经济利益的要件，法律也

---

① 参见陈甦主编：《民法总则评注》（下册），法律出版社 2017 年版，第 771 页。

应保护法人、非法人组织的社会评价不被任意诋毁,禁止基于不正当竞争等不法原因侵犯法人、非法人组织名誉的行为。①

　　名誉权的对象是名誉,即公众对特定人的社会评价,它包含对其品性、德行、名声、信用等的评价。但这种名誉的社会评价要与名誉感相区别,②首先,名誉是一种客观的社会评价,名誉感则是自然人对其自身内在价值的自我评价,损害名誉感不构成对名誉权的侵害。其次,保护名誉权的目的在于不使自然人的社会评价因非法的评价而降低,从而维护自然人的人格尊严,名誉感不为名誉权所保护,若有侵犯名誉感的行为,则可能构成对一般人格权的侵害。再次,实现名誉权的保护应使对象特定化,而将某种感情的名誉感作为保护对象则很难保护。最后,法人、非法人组织作为一种社会组织没有如同自然人一样的情感,若将名誉感纳入名誉权的保护对象不能解释法人、非法人组织的名誉权保护问题。③

　　名誉权以公众的社会评价为对象,是每个自然人、法人及非法人组织普遍享有的权利。侵害名誉权的行为主要是以诽谤等方式贬低他人人格,降低他人社会评价的行为,与荣誉只能由特定主体授予在某一方面取得突出成绩或作出贡献的人不同。与隐私权也不同,隐私权是自然人就自己个人私事、个人信息等个人生活领域内的情事不为他人知悉、禁止他人干涉的权利,其主体只能是自然人,侵害隐私权主要有不经权利人许可,擅自向第三人披露他人隐私和侵犯他人空间隐私。

二、侵害名誉权的认定

(一) 存在侵害名誉权的行为并指向特定人

　　名誉权作为一种人格权,它的实现不需要他人的积极作为,任何他人只需履行自己不作为的义务即可。只有行为人作出了某种积极的加害行为(如诽谤)才可能构成侵害名誉权。本条将侵害名誉权的行为主要分为侮辱、诽谤两种形式。有学者认为,侮辱是故意以暴力或其他方式贬低他人人格,毁损名

---

① 参见姚辉:《人格权法论》,中国人民大学出版社 2011 年版,第 165 页。
② 有学者将名誉区分为内部的名誉与外部的名誉,并认为内部的名誉即为名誉感亦需要得到保护。参见龙显铭:《私法上人格权之保护》,中华书局 1949 年版,第 71 页。
③ 参见王利明:《人格权法研究》,中国人民大学出版社 2018 年版,第 469—472 页。

誉的行为,不仅暴力侮辱,口头侮辱和书面侮辱也包含在内。① 本书认为,侮辱行为一般而言并不能降低社会公众对他人的评价,但可能造成对他人名誉感的侵害,因而侮辱行为并不构成对名誉权的侵害,但为了弥补受害人名誉感的损害,可以通过人格权一般条款获得保护。诽谤是行为人捏造并传播不利于特定人名誉的虚伪事实或不法发表不利于特定人名誉的评论而使受害人的名誉受损的一种侵权行为。② 诽谤行为通常以语言、文字、漫画或其他方式陈述虚假的事实,致使特定人的社会评价降低。③

名誉权的侵害行为必须指向特定对象,该特定对象需要具体到某一个人。针对特定人除直接指向特定人的姓名、名称外,若指向该特定人的别名、化名或以一定的动作(如通过描述某人的相貌特征、语言特征、行为特征及生活和工作环境等)并能够使他人理解其指向特定人的意图也可以认为是指向特定人。因此,只有针对特定人实施侵害名誉的行为,才能构成对特定人社会评价的降低,从而构成侵害名誉权。④

(二) 侵害行为为第三人所知悉

行为人实施侵害名誉权的行为后,损害后果通过他人对该特定人社会评价的降低表现出来,若侵害行为不为第三人所知就不可能使他人降低对特定人的社会评价。降低社会评价,可以是受到他人指责、嘲笑、怨恨、议论等,也可以通过民意测验、舆论调查等方式展现出来。不过,有些情况下,因为社会评价存于社会公众的内心之中,第三人知悉未必非以上述方式表现于外,这就使得名誉受到侵害的事实不明显而导致受害人证明困难。⑤ 本书认为,一味地苛求受害人的证明责任实属无益,名誉的毁损存在于社会公众内心,难以探查,但行为人实施的侵害行为为第三人所知悉是客观的,因而以侵害行为为第三人所知悉作为社会公众对受害人社会评价降低的要件即已足够。

(三) 行为人主观上有过错

所谓行为人主观过错是指行为人对其实施的侵害名誉权行为及该行为的

① 参见杜鹏:《媒体报道中的新闻侵权与法律规制研究》,《法学杂志》2016 年第 2 期。
② 参见张新宝:《名誉权的法律保护》,中国政法大学出版社 1997 年版,第 119—120 页。
③ 参见王利明:《人格权法研究》,中国人民大学出版社 2018 年版,第 493 页。
④ 参见王利明:《人格权法研究》,中国人民大学出版社 2018 年版,第 500—502 页。
⑤ 参见王利明:《人格权法研究》,中国人民大学出版社 2018 年版,第 503 页。

损害后果所持的主观心理状态。① 不过,行为人实施诽谤行为后,若该行为非因行为人的原因而为第三人所知悉并使他人名誉受损(例如为他人所知是因为受害人或第三人的原因),则不应当认定行为人有过错。行为人实施某种行为时的言辞或行为本身并不具有诽谤的性质,但经过第三人修改或夸张后而具有诽谤性质的,也不应当认定行为人有过错。过错包括故意和过失两种形式。故意损毁他人名誉毫无疑问构成对名誉权的侵犯,但过失是否能够侵害名誉权呢?

从比较法的视角来看,德国民法中并未规定名誉权,过失侵害他人名誉并不构成侵权行为,日本民法则不区分故意与过失,只要损害他人名誉就构成侵权行为。② 本条对此并未明确,我国学界主流观点认为,只要行为人过错损害了他人名誉,无论故意或者过失都应构成对名誉权的侵害。③ 例如由于撰稿人或编辑的过失,使得报纸、杂志报道失真致他人名誉受损时,应以侵权行为予以保护。④ 本书赞同这一观点。当然,针对具体侵害对象的不同对行为人过错程度的要求也不相同:对公职人员和公众人物名誉的侵害,应以行为人故意或重大过失为主观要件,而对一般人名誉的侵害,只要行为人存在过错,不论是故意、一般过失还是重大过失均应构成对名誉权的侵害。⑤

第一千零二十五条 行为人为公共利益实施新闻报道、舆论监督等行为,影响他人名誉的,不承担民事责任,但是有下列情形之一的除外:

(一)捏造、歪曲事实;

(二)对他人提供的严重失实内容未尽到合理核实义务;

(三)使用侮辱性言辞等贬损他人名誉。

---

① 参见刘文兴:《侵害名誉权的认定》,《法律适用》1995 年第 1 期。
② 参见郭明瑞:《论名誉权侵害构成的若干问题》,《烟台大学学报(哲学社会科学版)》1992 年第 4 期。
③ 参见郭明瑞:《论名誉权侵害构成的若干问题》,《烟台大学学报(哲学社会科学版)》1992 年第 4 期。
④ 参见王明锁、翟艳艳:《关于侵害名誉权构成要件认定的探讨》,《河南司法警官职业学院学报》2005 年第 1 期。
⑤ 参见王明锁、翟艳艳:《关于侵害名誉权构成要件认定的探讨》,《河南司法警官职业学院学报》2005 年第 1 期。

释 义

本条是关于新闻报道、舆论监督等行为侵害名誉权的规定。

一、新闻报道、舆论监督等行为的自由边界

舆论监督是一种社会各界通过大众传播媒介来表达意见,基于社会公众趋于一致的信念、意见和态度的总和而形成舆论,从而对社会上出现的现象予以批评或褒扬,揭示现实中存在的问题并促使解决的活动。基于新闻报道、舆论监督存在的必要性及真实性,对于社会公众应当知晓的事情予以报道或者对某些个人或组织进行舆论监督,是社会公众知情权的一部分,是言论自由的体现。

新闻报道、舆论监督的生命在于真实性。应以基本内容严重失实、内容属实但评论不当组建起一套以"事实"为标准的评价新闻报道、舆论监督影响名誉的体系。为了公共利益,新闻报道、舆论监督基本内容属实,无损害他人人格的内容,不应认定为侵害他人名誉权。若有违上述准则,未做到真实、准确、全面、客观,有失新闻媒体、舆论监督应持的中立地位,主要内容缺乏依据、严重失实的,当属侵权。当然,新闻报道、舆论监督的作用在于指出受监督对象行为的不合理之处,只要出于公心,不失偏颇,在社会公众享有知情权的同时,亦需容忍合理查证下的失实报道,不应成为被责难的对象,由此维持自然人名誉权保护与言论传播自由之间的平衡。①

二、新闻报道、舆论监督等行为须承担民事责任的情形

(一) 捏造、歪曲事实

如果新闻报道、舆论监督等行为所发布的信息内容是真实的,那么这是新闻报道、舆论监督的自由,当然若获取信息是通过非法渠道(如窃听、盗摄)获得,则可能构成侵害隐私权,在此不论。如果新闻报道、舆论监督中存在捏造、歪曲事实的情形,就违背了新闻的真实性,此时应当认为行为人在主观上存在捏造、歪曲事实并以新闻报道、舆论监督等方式散布的故意,构成典型的以诽谤方式侵害他人名誉权。

---

① 参见张红:《民法典之名誉权立法论》,《东方法学》2020 年第 1 期。

（二）对他人提供的严重失实内容未尽到合理核实义务

对新闻报道等进行核实确保真实性是新闻报道的根本要义所在。① 无论是采访过程中对将报道的内容未作认真细致的核实，还是对他人提供的严重失实内容未尽合理的核实，在客观上都有可能会对他人的名誉造成不良影响。失实报道是新闻诽谤行为的本质特征。② 新闻报道诽谤侵权有两个特征：一是报道行为对编造虚假事实存在过错，过错既包括故意也包括过失，二是这些编造的虚假新闻事实导致了公众对受害人社会评价的明显降低。③ 可见，虽然大多情况下，侵害名誉权的诽谤是故意行为④，但不能就此否认过失诽谤行为不构成侵害名誉权。对采访的内容未作认真细致的核实或者对他人提供的严重失实内容未尽合理的核实等过失行为应当视为在新闻报道中对编造的虚假事实存在过错，从而构成对他人名誉权的侵害。

（三）使用侮辱性言辞等贬损他人名誉

新闻报道、舆论监督等行为应强调其真实性，尽量避免使用主观臆断性的言辞，否则有偏离真实事实的可能。若行为人使用侮辱性言辞等对他人作出报道则可能偏离正常的新闻报道、舆论监督规则，可以认定行为人存在主观故意的可能，从而进入法律规制的范畴。通过新闻报道、舆论监督等所表达的侮辱性言辞主要有语言侮辱及文字侮辱，并且侮辱性言辞通过新闻报道、舆论监督等形式传播，社会公众已可以通过这些方式知悉。当然，本书认为，使用侮辱性言辞等侵害的应为他人的名誉感，而非名誉权，因其虽然为社会公众所知悉但并未因此造成社会评价的降低，难谓构成对名誉权的侵害，但为了保护受害人名誉感所遭受的损害，可以通过人格权一般条款获得保护。

第一千零二十六条 认定行为人是否尽到前条第二项规定的合理核实义务，应当考虑下列因素：

（一）内容来源的可信度；

（二）对明显可能引发争议的内容是否进行了必要的调查；

（三）内容的时限性；

---

① 参见李良荣：《新闻学概论》，复旦大学出版社2018年版，第42页。
② 参见杜鹏：《媒体报道中的新闻侵权与法律规制研究》，《法学杂志》2016年第2期。
③ 参见杜鹏：《媒体报道中的新闻侵权与法律规制研究》，《法学杂志》2016年第2期。
④ 参见王利明：《人格权法研究》，中国人民大学出版社2018年版，第494页。

（四）内容与公序良俗的关联性；

（五）受害人名誉受贬损的可能性；

（六）核实能力和核实成本。

释　义

本条是关于新闻报道、舆论监督行为人合理核实义务的规定。

一、明确合理核实义务范围的必要性

新闻媒体、舆论监督主体对某一民事主体及行为进行新闻报道以表达评论、否定意见或进行正当监督时应当遵循必要限度，并且对其所依据的事实基础负有合理核实的义务，以保证事实基础的真实与准确，否则可能构成以不作为的方式侵害他人名誉权。合理核实义务是为了保护他人名誉权而附加给行为人的法定义务，是立法机构基于司法实践，总结出的评价行为违法性和行为人主观过错程度的典型维度，也是行为人作出行为的事前指引。① 若行为人对所依据的事实未尽到合理的核实义务而侵害他人名誉，很难说其行为具有正当性，但如果只是泛泛而言，没有明确此类行为主体侵害名誉权的判断要素，那么无论是为了保护他人名誉还是为了维护言论自由都十分不利，因此应该明确新闻媒体、舆论监督主体等侵害名誉权的判断标准或要素。

二、行为人合理核实义务的考虑因素

（一）内容来源的可信度

现代信息社会，信息内容来源分布广、多样化，信息质量有高有低，这为行为人核实信息内容来源带来了较大的困难。不过，从信息来源渠道的视角分析，大致可分为两种，一种是行为人从某一值得信赖的地方获取信息，并据此作出相应的评论，即使有碍于他人名誉，亦无须承担相应的民事责任。但如果行为人作出评论明显可以选择更为权威的信息来源，而轻信其他信息来源，造成他人名誉损失的应认定为主观上有过失，属侵权行为。② 另一种是对网络

① 参见张红：《民法典之名誉权立法论》，《东方法学》2020 年第 1 期。
② 参见张红：《人格权各论》，高等教育出版社 2015 年版，第 315—316 页。

来源的内容,由于不同区域网络信息源的访问存在政治、经济、区域安全、人为障碍等制约因素,导致网络信息获取的完整性、真实性会受到影响,这直接影响到行为人对信息源质量及可靠程度的判断,侵害他人名誉权的可能性就极大增加。这就要求行为人对信息来源、信息的传递方式、信息源的内容因素加以判断。但是,如果要求行为人在完全查证事实后再行报道,由于新闻的时效性,又显得过于苛刻,因而需容忍合理查证下的失实报道,否则对任何轻微事实的失实都要由行为人负责,那么人们的表达自由将不复存在。①

(二) 对明显可能引发争议的内容是否进行了必要的调查

如果行为人所报道的内容将明显可能引发争议,非恶意行为人能够预见自己的行为可能引发严重后果,那么出于行为人职业风险规避,应采取必要的行动,对所要报道的事实展开补充调查,例如对热点民生问题的报道应进行实地走访、拍摄证明资料等必要的调查行为。没有采取必要的行动或者没有进行更高程度的核实义务以致引发争议并损害他人名誉,行为人应当承担相应的民事责任。如果某些报道事实与公序良俗密切相关,行为人还应有进行更高程度核实的义务。②

(三) 内容的时限性

现代社会随着技术革新的进步,信息的传递和利用速度极大缩短了信息生命的周期,失去时限的信息一般就失去了价值,并可能对他人产生负面影响,因而将信息的时限性纳入是否可能侵犯名誉权的判断范围是必要的。若某一事实发生已久,那么对这一事实信息的查证成本则较低且认识也能够较为充分,此时行为人应进行更严格的核实。若未对已经被替代或证明失实的内容加以核实而进行报道,侵害他人名誉的应当承担民事责任。若对某一新近发生的事实来不及查证的情形下,则不应苛以过重的时限核实义务。

(四) 受害人名誉受贬损的可能性

将受害人名誉受贬损的可能性作为行为人承担民事责任的考虑因素,是否意味着对名誉权的保护不要求侵害实际发生,只要存在可能侵害名誉权之虞即可? 有学者认为,对这一疑点的分析将直接导致对侵害名誉权中"侵害事实发

---

① 参见王利明:《人格权法研究》,中国人民大学出版社2018年版,第509页。
② 参见张红:《民法典之名誉权立法论》,《东方法学》2020年第1期。

生"这一要件的考察,如果认为只要存在侵害他人名誉的可能时就须负担民事责任,自然能够对他人的名誉权进行更好的保护,但这对侵害人格权的认定体系提出了更高的协调要求,如此需要从人格权编全局的角度进行制度设计。①本书认为,将受害人名誉受贬损的可能性纳入考虑因素,主要目的在于提示行为人在新闻报道之前的核实义务过程中需考虑他人名誉受贬损的可能,以此为行为人决定是否进行报道或者经报道以后产生损毁他人名誉事实而提供的反向检讨要素,而非侵害名誉权的构成要件。

（五）核实能力和核实成本

核实能力及核实成本也应当是评判行为人合理核实义务履行的重要标准。原因在于,如果核实要求过高导致行为人的核实能力不足或者核实成本明显过高,超出行为人的承受能力,那么苛求行为人超越其核实能力进行核实是不可能的且支付高昂、不合理的核实成本也是不应当的。核实能力及成本的衡量不仅关系到核实的难度、深度,还与特定信息的具体情况紧密相连。此外,行为人的核实能力也是对其义务履行的客观限制。这一标准的主要目的在于对行为人核实义务的标准起到积极的完善作用。针对核实能力,要求法院在裁判时,需对不同身份的民事主体进行主观衡量,并予以不同程度的要求。如果某一事实所要求的核实能力高于行为人的核实能力,虽然客观上不能要求其达到某一核实能力的标准,但行为人仍应当尽其所能进行核实。②

> **第一千零二十七条**　行为人发表的文学、艺术作品以真人真事或者特定人为描述对象,含有侮辱、诽谤内容,侵害他人名誉权的,受害人有权依法请求该行为人承担民事责任。
>
> 行为人发表的文学、艺术作品不以特定人为描述对象,仅其中的情节与该特定人的情况相似的,不承担民事责任。

释　义

本条是关于文学、艺术作品侵害名誉权的规定。

---

① 参见张红:《民法典之名誉权立法论》,《东方法学》2020 年第 1 期。
② 参见张红:《民法典之名誉权立法论》,《东方法学》2020 年第 1 期。

一、文学、艺术作品侵害名誉权的构成要件

文学、艺术作品侵害名誉权的要件在违法性、主观过错及公开损害层面存在特殊性。

1. 内容的违法性。

文学、艺术作品按其性质主要分为两种：一种是纪实性文学作品，该类作品大多是用文学的手法对某些真人真事加以描写，要求行为人所反映的基本事实必须客观、公正、可信，褒贬恰当，不能任意夸张，更不能有虚构，有损他人人格、名誉的情节。① 若有违被描述者自身的意志自由，又不可避免地诱使公众误读其人格形象，进而产生失真评价，应认定其内容具有违法性。另一种是创作型文学作品，该类作品并不直接指向现实中的真人真事，而是带有一定程度的虚构性②，对创作型文学、艺术作品，若作品中的人物与现实中特定人的工作、生活环境等信息基本一致，或者读者能够在通读作品后毫无悬念地联想到现实中的特定人，而作者对该角色使用了诽谤性的言辞，造成了该特定人社会评价的降低，应认定其内容的违法性。③ 总之，若行为人不是出于对文学、艺术创作自由的追求进行创作，而是以损害他人名誉为最终目的，在其各种文学、艺术作品中对他人进行诽谤或者是揭露他人隐私，致他人名誉受到损害，可以认定该文学、艺术作品在内容上具有违法性。

2. 行为人的主观过错。

行为人在创作文学、艺术作品的过程中另有所图，有诽谤或揭露他人隐私的故意或者对作品的写作素材有处理不当的过失应视为行为人主观上有过错。过错有故意和过失两种形式。行为人主观上的故意，是行为人明知道自己作品的发表会给某人带来不良影响而仍然为之，行为人积极追求损害某人社会评价的后果。行为人主观上的过失，则包含了疏忽和懈怠：行为人对自己行为的结果应当预见或者能够预见而没有预见的为疏忽；虽然行为人对自己行为的结果已经预见却轻信可以避免为懈怠。对文学、艺术作品侵害他人名

---

① 参见张静：《新闻报道、纪实性文学作品中侵害公民名誉权的行为的几个问题》，《西北第二民族学院学报（哲学社会科学版）》1991 年第 4 期。

② 参见张红：《文学作品中的名誉权侵权责任》，《中南民族大学学报（人文社会科学版）》2012 年第 6 期。

③ 参见张红：《人格权各论》，高等教育出版社 2015 年版，第 348—350 页。

誉权在主观上应区别故意、过失的具体过错,并结合作品内容的违法性具体分析,不能"一刀切",否则文学、艺术作品的创作自由便会受到极大限制。① 不过,行为人的主观过错在司法实践中往往较难查明,行为人往往会以原告对号入座、捕风捉影等来加以抗辩,所以法官在审理相关侵害名誉权案件时应持审慎的态度,严格认定过失。

3.行为人将作品对外公开。

行为人创作的文学、艺术作品若造成特定人的名誉受损,还需要将作品对外公开。若行为人基于某种特定的目的创作了有关文学、艺术作品,但没有对外发表,也没有被第三人所知悉,这属于行为人思想自由的表达范畴,无论该文学作品的内容如何诽谤现实中的特定人,都无法对他人的名誉构成侵害。只有文学、艺术作品向不特定的多数人公开或向除作者以外的他人公开才可能对作品中特指的人名誉造成损害。② 就如何确定特定人而言,如果是以描写真人真事为内容的纪实性文学作品,由于其作品人物是现实生活中的人物,排他性容易确定。如果不是以真人真事为描写对象的创作型文学作品,要具体分析以确定其中的人物是否为现实人物:如果作品中使用了现实人物的真实姓名或者对真实姓名作了一些艺术处理,但仍以该人物的真实经历来描写,应认定作品人物有排他性;对于不用真实姓名,地点也是虚构的作品,要看作品人物与现实人物的基本特征、特定环境及社会反映,如果都具备,可确认作品人物有排他性并指向现实中真实的人。③

二、未描述特定人但部分情节相似时民事责任的免除

纪实性文学、艺术作品以特定人为描写对象,故不以特定人为描述对象的文学、艺术作品多是创作型的文学作品。一般而言,未使用现实人物的姓名且没有使用现实人物的真实经历来描写的文学、艺术作品是不会侵害他人名誉的,当然若该文学、艺术作品的创作是以该特定人物的真实经历来描写并使用诽谤性言辞造成他人名誉受损的,应当承担民事责任。但如果创作型文学作品并不是以特定的人为描述对象,仅其中的情节与该特定人的情况相似,行为

① 参见张红:《文学作品中的名誉权侵权责任》,《中南民族大学学报(人文社会科学版)》2012年第6期。
② 参见张红:《人格权各论》,高等教育出版社2015年版,第351页。
③ 参见王云霞:《文学作品侵害名誉权应如何认定》,《法学》1998年第10期。

人不承担民事责任。换言之,就精神性人格权而言,若行为不指向特定人,就不存在损害、违法性,甚至也不存在过错,这解决了名誉权保护与文学创作自由之间的冲突。如果将未指向特定人、仅有相似情节的创作行为也认定为侵权,将会损害文学、艺术作品的创作自由,不利于文学、艺术创作的自由发展。当然,对其中情节的判断应从文学、艺术作品中所描述的人物结合现实人物的基本特征、特定环境及社会反映来具体分析。

第一千零二十八条　民事主体有证据证明报刊、网络等媒体报道的内容失实,侵害其名誉权的,有权请求该媒体及时采取更正或者删除等必要措施。

释　义

本条规定了对报刊、网络等媒体侵害名誉权的救济措施。

一、报刊、网络等媒体报道内容失实的证明

报刊、网络等媒体报道内容失实的直接后果是造成受害人名誉的受损,只有加害媒体停止侵害才能够使得侵害名誉权的损害得到制止。为了平衡个人名誉权保护与报刊、网络等媒体报道自由之间的关系,在受害人向加害媒体提出停止侵害的请求时,需要由其证明报刊、网络等媒体所报道的失实内容侵害了其名誉权。就证明的内容而言,主要有:报刊、网络等媒体报道的内容所依据的事实严重失实或者基本内容失实;名誉权受到实际损害;名誉权遭受损害是由侵权行为造成。受害人以此可以向报刊、网络等媒体主张停止侵害并采取救济措施。当然,本条规定由受害人证明其名誉权受到损害在程序法上亦能够恰当地与举证责任相衔接。

二、报刊、网络等媒体对报道失实内容应及时采取更正或删除等必要措施

由于报刊、网络等媒体报道传播范围广、影响大,对于已经对外公开报道或发布的内容,若存有失实的内容很有可能会造成他人名誉的损毁,已经受损的名誉不可能像遭受财产损害一样,完全恢复原状。不过,仍然可以通过事后的一些积极的

补救措施澄清事实,减少损害的扩大以纠正侵害名誉权的行为,这样在特定的范围内,能够消除公众对名誉权人的不良印象,尽可能地使名誉得到恢复。① 例如可以对未公开的报刊进行销毁,对已经公开且回收成本巨大的,可以采取更正的方式消除或降低对他人名誉的损害,对于网络媒体登载的失实内容,可以采取更正或删除失实内容的方式消除或降低损害。对于采取更正或删除等必要措施降低或消除对他人名誉损害的,应当认为是对名誉权侵害的停止,同时间接达到了恢复名誉、消除影响的目的。也就是说,在报刊、网络等媒体报道失实内容致他人名誉受损后,由于侵害正在发生且随着媒介的继续传播损害正在扩大,因而及时采取更正措施不仅能够阻止损害的进一步扩大,也起到了恢复名誉、消除影响的作用。删除措施主要是针对网络媒体所报道的失实内容而言。当然,对于已经造成名誉权损失的情形,并不影响受害人请求加害人进行损害赔偿。

第一千零二十九条　民事主体可以依法查询自己的信用评价;发现信用评价不当的,有权提出异议并请求采取更正、删除等必要措施。信用评价人应当及时核查,经核查属实的,应当及时采取必要措施。

释　义

本条规定了民事主体可以查询其信用评价及评价不当时的救济措施。

一、信用评价的意义

信用是社会经济发展的必然产物,是现代经济社会运行中必不可少的一环。维持和发展民事主体之间的信用关系,是保护社会经济秩序的重要前提。信用评价是个人立足社会的根本,如果个人信用降低或受损,不仅可能导致精神性人格的损害,更重要的是带来财产利益的丧失,这对个人经济生活的影响是巨大的。尤其是在互联网、大数据时代,个人信用更是无处不在,如金融借贷、租房、购票,甚至婚恋社交都会有所涉及。

---

① 参见王利明:《人格权法研究》,中国人民大学出版社 2018 年版,第 517 页。

二、民事主体对其信用评价的权利

民事主体对征信机构对其作出的信用评价有查询的权利,它能够帮助民事主体了解其在征信机构中信用评价的优良程度,以便在与他人进行经济交往的过程中证明自己的诚信度。通过查询自己的信用评价,民事主体还能获知征信机构对其信用评价是否不当并采取救济措施,如果民事主体得知自己的信用评价存在不当,可以向征信机构或者监管机构提出异议。

当然,由于征信机构作出的信用评价是严格按照一套评价体系进行的,对于非专业民事主体如何发现信用评价不当并提出异议需要明确。一般而言,信用评价不当有两种可能:一种是信用评价依据的基础信息不准确,导致信用评价不当,如当事人没有欠费记录,但因信用记录记载错误导致评价不当;另一种是信用评价依据的基础信息是真实的,但评价机构的算法模型有错误,但算法模型有误不是外部简单判断的问题。以征信业为例,不同征信机构收集的基础信息是相同的,但做出的评级并不相同,这是符合国际征信业惯例的,而不能由民事主体自己简单地作出评价不当的结论。因而本条所规定的“发现信用评价不当”应解释为因基础信息不准确而导致的信用评价不当,也即限于信用评价人收集、保存、提供的基础信息存在不准确、遗漏的情形。

对于确有信用评价不当的情形,民事主体可以提出异议,但民事主体应当提供相关佐证材料。信用评价人应当及时对民事主体所提出的异议进行核查,核查属实的,应当及时采取必要措施。本书认为,如果信用评价确实不当,那么消除不良信用记录自然是应有之义,这也是司法实践的立场。[1] 从信用评价不当的主观目的上来看,大部分出于评价人在处理基础信息过程中的过失。对于过失致他人信用降低并造成损害的情形,评价人应当赔偿损失,但对于未造成损害的情形,鉴于征信机构对民事主体的信用评价并未向不特定的人公开,可以通过及时更正或删除等必要措施救济。

三、信用评价作为名誉的法律保护

司法实践中,大部分涉及个人信用的纠纷案件都选择侵害名誉权作为裁

---

[1]　参见张继红:《个人信用权益保护的司法困境及其解决之道——以个人信用权益纠纷的司法案例(2009—2017)为研究对象》,《法学论坛》2018 年第 3 期。

判实定法规范。这主要是由于对个人信息权益的侵害大多是信用报告记载不实、个人信用信息保护义务不适当或不履行等引起的,但是将个人信用权益纳入名誉权的规制范围并不意味着要严格套用侵害名誉权的所有构成要件。根据《个人信用信息基础数据库管理暂行办法》第 12 条、第 13 条的规定,商业银行只能在办理信贷业务时有权查询个人信用报告,同时还需本人的书面查询授权。也就是说,个人信用报告只是在一定领域内才能被查看,并不为公众所知,其本身不可能造成公开性的社会影响,因而在保护侵害个人信用权益的过程中不应将"社会公开性评价的降低"这一构成要件考虑在内。原告只需证明自己对信用报告不良记录不存在过错,无须适用社会公开性评价降低的构成要件。

第一千零三十条 民事主体与征信机构等信用信息处理者之间的关系,适用本编有关个人信息保护的规定和其他法律、行政法规的有关规定。

释 义

本条规定了民事主体与征信机构等信用信息处理者之间关系的法律适用。

一、民事主体与征信机构等信用信息处理者之间的法律关系

在日常社会交往过程中,当事人通过法律行为参与社会交往,为避免和降低交易风险,当事人一方有权了解对方的信用状况,但其作为交易方并不享有法律所规定的征信权利,其需要通过征信机构来获取相对方的信用信息。征信机构是依法设立的、独立于信用交易双方的主要经营征信业务的第三方机构,其对政府或者非政府部门的征信数据能够合法获取,并运用于信用记录和信用评估。征信机构在征信过程中不是以交易相对人的名义,而是依照法律的规定以自己的名义独立从事征信活动,目的在于为信用信息使用人进行交易分析并对相对方的信用可靠性和能否交易的风险提供判断参考。基于此形成的征信法律关系主要是征信机构在对民事主体信用信息的处理过程中形成的法律关系。由于大多数情况下,征信机构进行征信数据处理是在被征信民

事主体不知情的情况下进行的,因而征信机构在依法处理民事主体信用信息的同时,还应尽到合理的注意义务以确保信息的客观性,并承担使民事主体的个人信息权益不被侵害的义务。有时征信机构并不直接从事征信数据的处理,而是与信用信息提供者通过委托合同关系完成征信活动。概括来说,在征信行为过程中,可能存在被征信民事主体、信用信息提供者、征信机构之间的法律关系。

在征信机构与被征信民事主体之间的法律关系上,征信机构通过建立个人信用信息数据库并依合同关系对外提供个人征信报告来实现或完成征信活动。这必然涉及征信数据的开放与个人信息保护之间的问题。征信数据一般涵盖个人的基本信息(如姓名、通讯地址、联系方式、婚姻、居住和职业状况等信息)、金融信用信息(包括借贷信息、信用卡申领和使用信息)以及金融信用信息范围以外的信用信息(如个人住房公积金信息、养老保险信息等)。但征信机构在处理这些个人征信数据并对外提供信用业务的活动中应当遵守有关规则,例如是否符合法律、行政法规、行业规范以及相关职业道德等,不得侵害个人的合法权益,以此在被征信民事主体与征信机构之间构建起最佳征信秩序并取得征信活动的最佳效益。[①]

在征信机构与信用信息提供者的关系上,征信机构与信用信息提供者之间通过委托合同建立法律关系。信用信息提供者大致有两个来源,其一,公安、司法机关、工商部门、税务机关、中国人民银行、海关、仲裁和房屋管理等公共职能部门,它们在履行公共管理职能的过程中会掌握大量的个人信息;其二,商业银行、信用卡公司、零售部门、企业客户与合作方以及承担一定社会服务功能的行业部门。因它们与征信数据民事主体的一方产生商品、货币交易以及其他合作等关系,不仅能够在合作、交易过程中获得对方的信用申请表、合作或交易方的介绍等数据,而且还能根据对方的承诺和履行义务的"表现"形成关于征信数据主体信用状况的意见、评价以及可信性的判断。[②] 需要注意的是,信用信息处理者不得违反法律、行政法规等将获得的个人信用信息、商业秘密提供给征信机构或以某种非法交易的形式提供给不具有征信资质的

---

① 参见罗艾筠:《个人征信法律关系与信用信息之上的法律权利》,《金融与法》2016 年第 10 期。
② 参见罗艾筠:《个人征信法律关系与信用信息之上的法律权利》,《金融与法》2016 年第 10 期。

他人,否则要承担相应的法律责任。

二、本条与个人信息保护规定的适用

对民事主体与征信机构等信用信息处理者之间的法律适用问题,应依照本编关于个人信息保护部分的规定(第 1034 条至第 1039 条)进行。民法典个人信息保护部分规定了征信机构在处理自然人个人信息时应遵循合法、正当、必要原则及征信机构不得过度处理个人信息,自然人可以向信息处理者依法查阅、抄录或者复制其个人信息,信息的处理者不得泄露或者篡改其收集、存储的个人信息等。当然,还有对处理个人信息不承担民事责任的规定。《征信业管理条例》第 14 条对征信机构不得收集的个人信息进行了列举规定。另外,信息处理者向征信机构提供个人不良信息,应当事先告知征信数据民事主体本人(但依照法律、行政法规规定公开的不良信息除外)。

第一千零三十一条　民事主体享有荣誉权。任何组织或者个人不得非法剥夺他人的荣誉称号,不得诋毁、贬损他人的荣誉。

获得的荣誉称号应当记载而没有记载的,民事主体可以请求记载;获得的荣誉称号记载错误的,民事主体可以请求更正。

释　义

本条规定了民事主体享有荣誉及其被侵害后的救济措施。

一、荣誉的内涵

荣誉是特定机关对特定对象的正式肯定评价,特定对象可以是特定主体,也可以是特定主体的联合,如集体、组织的联合。主体的联合不能成为主体,不享有任何利益。荣誉并不是每个民事主体与生俱来都享有的评价与称号,而是特定主体基于特定行为、特殊贡献而被特定机关或组织授予的荣誉称号。[1]　获得荣誉不仅可以使民事主体增加荣誉感、道德感、尊严感、幸福感,还

---

[1]　参见王歌雅:《荣誉权的价值阐释与规则思考》,《环球法律评论》2013 年第 3 期。

可以增加民事主体的身份价值和名誉价值。①

有学者认为不能将以荣誉为调整对象的利益上升为一种独立的人格权利。② 本书赞同这一观点。荣誉并非独立的人格要素,一般为特定社会组织对某个特定个体的表彰或褒奖,并不为所有人都享有,也不是为了维护人格尊严而必需,甚至在有些情况下荣誉还有可能被取消。它并不具备人格要素上的固有、普遍性,其不属于一种独立的人格权。但是这不能够说明荣誉没有任何人格属性,基于人格的平等性,任何人都有获得荣誉的机会,法律保护每个人获得荣誉权利的平等性。从民法典将荣誉与其他人格权一并规定的编排体系上来看,应当肯认荣誉具有人格权的属性。③

与名誉权为一般民事主体获得的社会评价类似,荣誉是一种特定民事主体因特定行为被特定组织所授予的积极的正式评价。荣誉的内涵表现在荣誉获得人对其荣誉称号的保持和支配。对荣誉的保持权,即民事主体对自己的荣誉所享有的不受他人非法剥夺的权利。因为剥夺荣誉本身就降低了对荣誉获得人的社会评价,因此任何组织和个人不得任意剥夺已经授予的荣誉。剥夺荣誉要有充分的理由,依照法定程序进行④,同时也要保证被剥夺人的权利,如听取被剥夺人的意见等。荣誉的支配权包含了荣誉的利用权(例如用某演员获得的各种国内、国际奖项为自己的新作品宣传)、荣誉的处分权(虽具备获得荣誉的必要条件,但放弃荣誉的获得)。不过,荣誉只能在授予荣誉之前放弃,已经获得的荣誉不得被抛弃。另外,荣誉主要表达的是精神利益,只能授予特定的主体,因此也不能转让。⑤

二、荣誉被侵害的法律救济

名誉是社会对自然人的综合评价,这种评价以人格尊严以及人的道德的、社会的行为为基础。法律保护个人的社会评价不受贬损,维护自然人在社会交往中的尊严。⑥ 荣誉是一种正面的、积极的、正式的社会评价。⑦ 若权利人

① 参见王歌雅:《荣誉权的价值阐释与规则思考》,《环球法律评论》2013 年第 3 期。
② 参见温世扬:《民法典人格权编草案评议》,《政治与法律》2019 年第 3 期。
③ 参见陈甦主编:《民法总则评注》(下册),法律出版社 2017 年版,第 772 页。
④ 参见王利明:《民法》,中国人民大学出版社 2018 年版,第 185 页。
⑤ 参见王利明:《人格权法研究》,中国人民大学出版社 2018 年版,第 479 页。
⑥ 参见陈甦主编:《民法总则评注》(下册),法律出版社 2017 年版,第 771 页。
⑦ 参见姚辉:《人格权法论》,中国人民大学出版社 2011 年版,第 198 页。

获得荣誉则会对其社会评价产生提升作用。可见,名誉与荣誉并非并列的关系,而是包含与被包含的关系。[1] 如此一来,荣誉不具有独立于名誉权的权利对象,其不能作为一种独立的人格权存在,因而在司法实践中,往往以是否构成侵害名誉权为标准来判断是否构成荣誉侵权。[2]

对于他人所获得的荣誉不得有故意诋毁、贬损的行为。例如对他人获得的荣誉心怀不满,向授予组织诬告、诋毁荣誉获得人或者公开发表言论诋毁他人荣誉等行为都属于诋毁、贬损他人荣誉的行为,荣誉获得人可以以名誉权受侵害为由主张损害赔偿。与名誉权不能为他人所占有不同,可能存在非法破坏他人荣誉的行为。例如对于他人获得的荣誉,行为人以非法手段窃取或冒领,也会构成侵害他人荣誉的行为。对于侵害荣誉获得人财产利益的行为,例如拒发或少发荣誉获得人应得的物质利益(如少发奖金),以破坏他人荣誉为目的故意损毁荣誉获得人的奖杯、奖品、奖章等也应当属于诋毁、贬损荣誉的行为。[3] 不过,若过失损毁他人的奖杯、奖品等荣誉物品,应认定为一般的侵害财产行为,不宜认定为侵害他人荣誉。

民事主体获得的荣誉称号应被记载并用以证明其所获得的荣誉时,若荣誉称号未被记载,荣誉获得人可以请求记载;如果所获得的荣誉称号记载错误的,荣誉权人也可以请求更正。对于应记载而未记载或记载错误而引起的本该能够为荣誉获得人以该荣誉获得利益时,应当视为侵害荣誉的行为。

---

[1]　参见唐启光:《荣誉权质疑》,《华东政法学院学报》2004 年第 2 期。
[2]　参见杨波:《荣誉权独立性检讨——以荣誉权立法漏洞为考察进路》,《西部法学评论》2012 年第 5 期。
[3]　参见唐启光:《荣誉权质疑》,《华东政法学院学报》2004 年第 2 期。

第六章　隐私权和个人信息保护

‖本章导言▶

　　隐私权是尊严型人格权的一种,个人信息则不是纯粹的法律概念。本章规定了隐私权的内容、禁止侵害,个人信息的概念、处理原则与例外、保护权能,以及信息处理者的守法与信息安全保障义务、国家机关或承担行政职能的法定机构及其工作人员的保密义务等内容,共八个条文,回应了信息社会隐私与个人信息保护的现实需要。

　　第一千零三十二条　　自然人享有隐私权。任何组织或者个人不得以刺探、侵扰、泄露、公开等方式侵害他人的隐私权。

　　隐私是自然人的私人生活安宁和不愿为他人知晓的私密空间、私密活动、私密信息。

释　义

　　本条是关于隐私权内容及其绝对性的规定。

　　隐私权的概念最初源自美国。① 其创立背景,则是经济社会发展导致的人的生活范围的扩张。但过分的社会化,不是人的幸运,而是人的悲哀。"人只有在安静甚至孤立的空间中,才可能转动自己的心智,锻造自己的思想。"② 隐私权提出以后,历经一百三十年的发展,已风靡全球,成为现代社会最重要

---

① 1890 年,沃伦和布兰代斯在《哈佛法律评论》发表《隐私权》一文,使该权利第一次进入人们的视野。
② 胡玉鸿:《法律与自然情感——以家庭关系和隐私权为例》,《法商研究》2005 年第 6 期。

的议题之一,但围绕其概念的讨论也一直在继续。"隐私概念的不确定性,固然造成了法律适用的不确定性,但亦因其开放性,能适应社会经济及现代科技的发展,而对隐私权的侵害提供必要的保护。"①在我国立法上,《侵权责任法》首次规定了隐私权,但迟至《民法典》出台,隐私权才拥有了自己的规范群。

一、隐私权的内涵与外延

关于隐私的内容,学界看法不一,概括起来有如下立场:一是私生活秘密说。② 二是秘密领域、信息自主说。③ 三是私人活动、私人信息、私人领域说。④ 四是生活安宁、私人空间、私人活动,私人信息说。⑤ 五是生活安宁、私人空间、私生活自主、私人秘密、通讯秘密说。⑥ 其中,四类型说从状态(安宁)、静态空间、动态行为、符号信息四个角度概括隐私,内容全面、类型科学,本条采纳了这一立场,颇值赞赏。

值得注意的是,《人格权编(草案)》最初并未规定生活安宁,《民法典(草案)》首次将其纳入隐私范围,但这显然是个正确的选择。其一,隐私最初就是在独处的意义上使用的,"独处"理应包含生活安宁的内容。其二,把生活安宁作为隐私权的内容,也是我国学者的主流看法。⑦ 其三,实践也不乏肯定立场。如在"王某与夏某甲名誉权、隐私权纠纷案"中,法院认为:"隐私权主要包括个人生活安宁权、个人信息保密权、个人通信秘密权以及个人隐私利用权等方面。其中个人生活安宁权是维持安稳宁静的私人生活状态并排除不法

---

① 王泽鉴:《人格权法》,北京大学出版社 2013 年版,第 204 页。
② 参见张俊浩主编:《民法学原理》(上册),中国政法大学出版社 2000 年版,第 155 页。
③ 参见王泽鉴:《人格权法》,北京大学出版社 2013 年版,第 208 页。
④ 参见杨立新:《人格权法》,法律出版社 2011 年版,第 600 页。
⑤ 张红教授早前认为隐私由私领域(即私人空间,包含物理空间和心理空间即生活安宁)、私事、个人信息构成,似采此说(参见张红:《人格权各论》,高等教育出版社 2015 年版,第 501—504 页),但新近又撰文主张生活安宁利益有别于隐私权、个人信息权,是一项补充性的、独立的新型人格利益,则与该说存在明显不同。参见张红:《侵害生活安宁利益之侵权责任》,《财经法学》2018 年第 6 期。
⑥ 参见王利明:《人格权法研究》,中国人民大学出版社 2018 年版,第 590—600 页。
⑦ 参见张新宝:《隐私权的法律保护》,群众出版社 2004 年版,第 11—12 页;王利明:《生活安宁权:一种特殊的隐私权》,《中州学刊》2019 年第 7 期。

侵扰的权利。"①

　　在认定隐私权时,应注意厘清其与姓名权、肖像权等权利的关系②,因为姓名、肖像、声音常常也是隐私权的保护对象。由于物、人身等权利对象简明而具体、形象又生动,人们在识别权利时通常以其为标准,姓名权、肖像权、隐私权莫不如此。但此种识别方法无法解释某一存在作为多个权利对象的情况。对此,应当借助法律关系的分析方法,因为权利具有事实和规范的二重属性,权利对象表征的只是其中的事实性。③ 作为表征权利规范性的法律关系,代表了权利形成机制的功能评价。就姓名、肖像而言,若主体对其存在同一性利益,即受姓名权、肖像权保护;若主体存在的是与物的联系的利益,则是兼有个性化精神利益、人格标识使用的财产利益。在上述情形中,由于姓名、肖像具有他为性,他人可在不侵害同一性、个性化利益、人格标识商业利用的前提下自由使用。一旦主体存在合理的隐私期待,姓名、肖像上的他为性即消失,从而落入隐私权的保护范围。

二、隐私公开的相对性

　　本条第 2 款规定表明,隐私判断存在主观、客观的双重要件。主观要件即"不愿为他人知晓",客观要件即空间、活动、信息的"私密性"。事实上,在信息社会的背景下,生活安宁也应以"不愿为他人侵扰"为主观要件:对许多人而言,获取信息是个人生活的日常需要,推送信息则是现代商业的基本方式。在信息社会下,不能绝对禁止信息进入个人领域,但应通过合理的路径保障个人的自主权。有问题的是,如何理解客观要件的"私密性"? 按照传统领域说,私密性即私人性,因此私密空间、行为和信息不包括公共空间和已为他人知悉的信息。但如果立足于"不愿为他人知晓"的主观角度,则公共场合也可能存在隐私,已为他人知悉的信息仍可能受法律保护,此即隐私公开的相对性问题。

　　一般认为,隐私一经公开就不再是隐私了。④ 这实际上是基于领域说的

---

① 南京市玄武区人民法院(2013)玄民初字第 2472 号民事判决书。

② 参见高圣平:《比较法视野下人格权的发展》,《法商研究》2012 年第 1 期。

③ 参见曹相见:《权利客体的概念构造与理论统一》,《法学论坛》2017 年第 5 期;曹相见:《民法上客体与对象的区分及意义》,《法治研究》2019 年第 3 期。

④ 参见王利明:《人格权法研究》,中国人民大学出版社 2018 年版,第 553 页;李锡鹤:《民法原理论稿》,法律出版社 2012 年版,第 526 页。

结论:隐私传出了私人领域,当然就不受隐私权保护了。然则,领域的公私之分并非泾渭分明,在信息社会的大数据时代尤其如此,隐私自始具有相对属性。

其一,即便在传统工业社会,隐私也存在家庭、朋友等之间的共享。可以说,隐私自诞生时就不单纯限于个人领域,而是将特定的关系也包含在内。对此,我国学者也多有认识。如史尚宽先生谓:"秘密,亦可因泄漏而受侵害。泄漏为知之媒介,即由本人受有信任之人,将其秘密传播于第三人。"①张俊浩教授也认为:"该事实是否已被他人知悉,也非所问。例如某人是美术教学的裸体模特,即使该职业为师生共知,但若其人不欲他人知晓,仍可成为隐私。"②

其二,在现代信息社会下,基于个人生活或公共利益的需要,隐私信息必须在某种程度上共享从而具有社会化属性,但并非进入放弃隐私期待的完全陌生领域。③"'大数据时代'公民个人信息隐私的私人性减弱,而其社会性与公共性增强,这意味着个人信息隐私权从'私域'中'溢出',由此引发私法规范与现实状态的不和谐。"④"隐私不再被纯粹地当做一种秘密,而是一种处于秘密与完全公开之间的中间状态,在此意义上来说,隐私权不是一种绝对的权利,而是一种相对的权利,是一种信息管理的规则。"⑤如在"俞霞金、徐存镖等6人诉浙江省宁波市鄞州区人民政府撤销行政决定纠纷案"中,法院认为:"'个人隐私具有相对性',是否构成隐私应视具体情境而定。年龄在特定的环境中可以成为公民个人的隐私,反之则不必然。"⑥

值得注意的是,虽然王利明教授认为隐私已经公开即不再是隐私,但他却对隐私的相对性有着明确认识:"在个人对其秘密信息的积极控制过程中,就其公开的范围而言,隐私具有一定的相对性。所谓相对性,是指当事人就其私生活秘密向特定人进行披露,或者在一定范围内公开的,并不等于完全放弃其隐私⋯⋯因为个人信息不可能总是处于绝对保密或完全公开这两种极端状

---

① 史尚宽:《债法总论》,中国政法大学出版社2000年版,第154页。
② 张俊浩主编:《民法学原理》(上册),中国政法大学出版社2000年版,第155页脚注。
③ 参见房绍坤、曹相见:《论个人信息人格利益的隐私本质》,《法制与社会发展》2019年第4期。
④ 王学辉、赵昕:《隐私权之公私法整合保护探索》,《河北法学》2015年第5期。
⑤ 徐明:《大数据时代的隐私危机及其侵权法应对》,《中国法学》2017年第1期。
⑥ 浙江省宁波市中级人民法院(2009)浙甬行终字第44号行政判决书。

态,在许多情况下,某些信息对于特定群体是公开的,但对于其他人则处于保密状态。"①

三、隐私权的限制

隐私权的"大开大合"在人格权中可谓独树一帜:一方面,它将人格倾注在特定的空间、行为与信息上,从而大大拓展了人的自由空间;另一方面,它在公共利益面前又比其他任何人格利益都要受到更多的限制,甚至一览无余。隐私权的限制主要体现为两个方面:一是在宪法权利层面,国家基于公共利益需要而进行限制。例如,国家实施"天网工程",在大街小巷安装了大量的摄像头。又如,为打击犯罪、保护人民,国家要求入住酒店必须提供身份证。二是在民事权利层面,隐私权也受到职业公共利益的限制,行政官员(尤其是高官)、娱乐体育明星为其典型。

就宪法权利的层面而言,隐私权固然可以受到限制,但为保障公民的宪法权利,对宪法权利的限制亦应有其限制,此即宪法权利限制的限制。后者由法律保留原则、比例原则构成。在民事权利的层面上,按照流行的思路,应先判断行为人是否为"公众人物",再从公共利益角度对隐私权进行限制。然则,这种思路带有明显的美国法色彩,其不仅将造成公众人物与私人的区分难题,也有违权利平等和法律一般性原则。因此,从统一规范角度来调整隐私权的限制更为可取,其基本思路是:就自然人纯粹私人领域的隐私而言,未经本人的同意不得公开;在涉及公共利益时,隐私权在公共利益要求的范围内受到限制。②

第一千零三十三条　除法律另有规定或者权利人明确同意外,任何组织或者个人不得实施下列行为:

(一)以电话、短信、即时通讯工具、电子邮件、传单等方式侵扰他人的私人生活安宁;

(二)进入、拍摄、窥视他人的住宅、宾馆房间等私密空间;

---

① 王利明:《人格权法研究》,中国人民大学出版社 2018 年版,第 587—588 页。
② 参见侯健:《公众监督与国家工作人员隐私权的立法建制》,《复旦学报(社会科学版)》2016 年第 5 期;喻军:《论政府官员隐私权及其规制》,《政治与法律》2013 年第 5 期。

（三）拍摄、窥视、窃听、公开他人的私密活动；

（四）拍摄、窥视他人身体的私密部位；

（五）处理他人的私密信息；

（六）以其他方式侵害他人的隐私权。

释　义

本条是关于隐私侵权的禁止性规定。

与传统的隐私侵权行为相比，信息社会背景下的隐私侵权具有多样性、技术性等特点，有必要从行为方式上明令禁止。但列举往往力有不逮，所以本条分别列举针对具体隐私类型的侵权行为之后，也规定了"以其他方式侵害他人的隐私权"的兜底性条款。值得注意的是，虽然本条性质上属于禁止侵权规范，但由于旨在界定隐私的边界，因此规定于人格权编并无不当。考虑到法律对隐私权的限制以及权利人的自主权，本条在规定禁止行为的同时，明确了"法律另有规定或者权利人明确同意"的例外。

一、侵扰他人生活安宁

作为隐私内容的生活安宁，是权利人不受他人"以电话、短信、即时通讯工具、电子邮件、传单等方式侵扰"的自由。在信息社会的背景之下，通过短信、电话、电子邮件等信息媒介的侵扰屡见不鲜、愈演愈烈，已成为生活与实践中侵害自然人生活安宁的最大"杀手"。[①] 但在信息社会的背景下，经由信息媒介侵害生活安宁的行为仍应类型化，并采取不同的应对策略。其一，在隐私信息被非法泄露的情形下，应绝对禁止其对权利人生活安宁的侵害。此种行为具有信息来源、骚扰行为的双重违法性，应受法律严厉打击。其二，在因生活事实或法律行为而存在交往的情况下，例如同事之间推销产品、成为商家的会员、使用商家的产品等，则有区别对待的必要。

在信息社会下，信息是最重要的资源。如果任何形式的信息收集与利用，都要求信息提供者、接收者的同意，既与信息社会的事实不符，也将极大阻碍

---

① 参见刘保玉、周玉辉：《论安宁生活权》，《当代法学》2013 年第 2 期；方乐坤：《论安宁权的司法保护》，《东方法学》2018 年第 4 期。

信息的有效利用。例如,不提供个人具体地址就无法享受网购便利。在隐私共享成为生活常态的情况下,为适应现代商业的需要,应允许商家有限度地向其会员、客户发送定向广告。同时,为保障个人的生活安宁,"发送信息的人应当为被发送人提供选择接收信息与否的机会,被发送人有权要求把自己的名字删除出群发名单,经拒绝后继续发送的,发送人应当承担法律责任。"[1]亦即,法官在处理此种案型时,"需对信息的'合理使用范围'进行界定。"[2]

二、侵入他人私密空间

本项所指空间限于物理空间。住宅是典型的空间隐私,禁止侵入他人住宅是古老的信条。法谚云:"风能进,雨能进,国王不能进。"应当注意的是,此处所谓住宅,不仅指法定住所,也包括临时居住、栖身之所。[3] 不唯如此,通过现代科技手段的拍摄、窥视也在禁止之列,因其并未改变隐私侵权的性质。[4]值得注意的是,本条出现了"宾馆房间等私密空间"的规定,打破了"公共场所无隐私"的传统认识。对此,存在两种解释路径:一是认为系在传统私人空间之外,增加了"公共场所隐私"的规定,以回应科技对私人空间和公共空间的模糊[5];二是立足于隐私权的相对性,认为隐私公开本来就是相对的,应以是否存在合理隐私期待为标准,在具体的情景模式中动态认定是否构成隐私侵权。

本书认为,以隐私权的相对性为基础更为合理,其既可保持概念体系的一贯性,又有利于把宾馆房间之外的商场试衣间等具有合理隐私期待的场所囊括在内,更有利于适应信息社会下的隐私权保护需要。

三、侵入他人私密活动

私密活动,又称私人活动。其作为一种动态的隐私,主要包括日常交往、社会交往、家庭活动、婚姻活动以及两性生活等与公共利益无关的事项。自然

---

① 王利明:《生活安宁权:一种特殊的隐私权》,《中州学刊》2019 年第 7 期。
② 张红:《侵害生活安宁利益之侵权责任》,《财经法学》2018 年第 6 期。
③ 参见张新宝:《隐私权保护研究》,群众出版社 2004 年版,第 8 页。
④ 参见冷传莉、李怡:《司法保护视角下的隐私权类型化》,《法律科学》2017 年第 5 期。
⑤ 参见张红:《民法典之隐私权立法论》,《社会科学家》2019 年第 1 期;李延舜:《公共场所隐私权研究》,《法学论坛》2018 年第 6 期。

人对自己的私密活动享有自主权,禁止拍摄、窥视、窃听、公开为题中应有之义。当前许多关于娱乐明星的爆料,都以侵入明星的私密活动为前提,其固然可引发相当关注,但在道德和法律上均不足取。

四、身体的秘密部位

《民法典》第 1032 条未将身体的私密部位作为隐私的类型,本条予以单列,意在强调身体私密部位的重要性。毕竟,隐私即肇始于人类"知羞耻""掩外阴"的生活心态。[1] 但学说对身体私密部位的类型归属存在两种不同意见。一是归入私生活秘密的范畴,王利明教授持此立场。[2] 二是作为私人空间的组成部分。如杨立新教授认为,"私人空间,分为具体的私人空间,抽象的私人空间。具体的私人空间是指个人的隐秘范围。"[3]张红教授认为,"私领域又称私人空间,包含个人的住宅、身体、行李、私家车、箱、包、日记等。"[4]本书赞同第二种意见。空间隐私本质上是身体秘密的展开,拍摄、偷窥身体私密部位,如同侵入、偷窥私人住宅。而对侵入空间所获得的隐私信息的侵害,应以公开、披露为手段。当然,如果触摸他人身体私密部位,则在构成身体权侵权的同时,也侵害了受害人性交流的自主利益。

五、处理他人私密信息

隐私信息泛指以隐私为内容的信息,其在信息社会下属于稀缺资源,也最容易成为隐私侵权对象。因为空间隐私、活动隐私均可化为私密信息后被公开和披露。但在信息社会下,隐私信息的法律规制不能仅寄托于私法,主要还是靠行政法建立事先的保障机制,因为隐私信息侵权既在后果上难以弥补,执法和维权成本又很高。值得注意的是,解释上应将基因隐私包含于隐私信息范畴,以回应生物技术的发展对传统民商法的挑战。[5]

第一千零三十四条　自然人的个人信息受法律保护。

① 参见张新宝:《隐私权的法律保护》,群众出版社 2004 年版,第 2 页。
② 参见王利明:《人格权法研究》,中国人民大学出版社 2018 年版,第 593 页。
③ 杨立新:《人格权法》,法律出版社 2011 年版,第 600 页。
④ 张红:《人格权各论》,高等教育出版社 2011 年版,第 501 页。
⑤ 参见刘大洪:《基因技术与隐私权的保护》,《中国法学》2002 年第 6 期。

个人信息是以电子或者其他方式记录的能够单独或者与其他信息结合识别特定自然人的各种信息,包括自然人的姓名、出生日期、身份证件号码、生物识别信息、住址、电话号码、电子邮箱、健康信息、行踪信息等。

个人信息中的私密信息,适用有关隐私权的规定;没有规定的,适用有关个人信息保护的规定。

释 义

本条是关于个人信息概念与私密信息法律适用的规定。

一、个人信息不是独立的人格权利

个人信息虽然与隐私权规定于一章,但立法者并未如同隐私一样明确其"权利"属性。这一做法源自《民法总则》第 111 条的规定[1],体现了立法者的谨慎态度。关于个人信息人格利益的权利属性,学说上存在不同看法。一是独立权说。该说认为,与隐私具有私密性不同,个人信息多属公开信息,隐私权对其保护力有不逮,所以应当独立成权。目前,该说在学界居于主流地位。[2] 二是传统隐私说,该说认为隐私权包含私密领域和信息自主两部分,后者是隐私权积极权能的体现。[3] 三是认为个人信息应归入一般人格权的范围。[4] 四是相对隐私权说,该说认为隐私权具有相对性,个人信息虽在一定范围内公开,但仍归未溢出隐私的范畴,同时否认个人对信息具有完全的自主、控制权。[5]

---

[1] 《民法总则》第 111 条第一句规定:"自然人的个人信息受法律保护。"
[2] 参见王利明:《论个人信息权的法律保护》,《现代法学》2013 年第 4 期;王成:《个人信息民法保护的模式选择》,《中国社会科学》2019 年第 6 期;刘德良:《个人信息的财产权保护》,《法学研究》2007 年第 3 期;齐爱民:《拯救信息社会中的人格》,北京大学出版社 2009 年版,第 16 页。
[3] 参见王泽鉴:《人格权法》,北京大学出版社 2013 年版,第 208 页。
[4] 参见李承亮:《个人信息保护的界限》,《武汉大学学报(哲学社会科学版)》2016 年第 4 期;任龙龙:《个人信息民法保护的理论基础》,《河北法学》2017 年第 4 期。
[5] 参见房绍坤、曹相见:《论个人信息人格利益的隐私本质》,《法制与社会发展》2019 年第 4 期;徐明:《大数据时代的隐私危机及其侵权法应对》,《中国法学》2017 年第 1 期。

本书认为,相对隐私说更为合理,个人信息无须赋权即可受法律保护。

其一,独立权利说与传统隐私说以信息控制论为基础,与大数据的时代背景相悖。事实上,在信息社会,主体对信息进行控制及完全的知情同意并无可能。①

其二,隐私公开具有相对性,这不是信息社会的新问题,隐私于其诞生之初就存在关系的维度。信息社会对隐私权的挑战,主要体现在预防机制和责任方式上,而非信息与隐私的性质分野。反过来说,即便个人信息独立成权,也无法解决其与隐私的区分难题,只好把二者解释为"互相交错"的关系。②而本条第 3 款也不得不规定个人信息中的私密信息适用隐私权的有关规定。

其三,按本条第 2 款规定,个人信息是以电子或者其他方式记录的能够单独或者与其他信息结合识别特定自然人的各种信息,包括自然人的姓名、出生日期、身份证件号码、生物识别信息、住址、电话号码、电子邮箱、健康信息、行踪信息等。据此,个人信息不是纯粹的规范概念,其上包含了隐私利益和表征主体同一性的利益,从中可以推导出查阅、抄录、异议、更正及删除的权利,无须另设一个不切实际的、具有控制力的新权利。

二、个人信息上的人格利益与财产利益

个人信息在人格利益之外还存在财产利益,即所谓的信息财产、数据财产。关于个人信息上人格利益与财产利益的关系,流行的意见认为应予一体保护。如有学者认为:"法律上赋予自然人对个人数据的权利,该权利本身的内容既非自然人对个人数据的隐私利益,也非从个人数据交易获得的经济利益,而是保护自然人对其个人数据被他人收集、存储、转让和使用的过程中的自主决定的利益。"③但这与姓名、肖像上利益的一体保护一样,将导致人格权的商品化,与人格的专属性、非财产性相悖,从而导致人格权的伦理危机。因此应为个人信息找到人格利益、财产利益的分割点。

---

① 参见高富平:《个人信息保护:从个人控制到社会控制》,《法学研究》2018 年第 3 期;范为:《大数据时代个人信息保护的路径重构》,《环球法律评论》2016 年第 5 期;任龙龙:《论同意不是个人信息处理的正当性基础》,《政治与法律》2016 年第 1 期。

② 参见王利明:《论个人信息权的法律保护》,《现代法学》2013 年第 4 期;王成:《个人信息民法保护的模式选择》,《中国社会科学》2019 年第 6 期;张红:《民法典之隐私权立法论》,《社会科学家》2019 年第 1 期。

③ 程啸:《论大数据时代的个人数据权利》,《中国社会科学》2018 年第 3 期。

从本条的规定上来看,个人信息分为两种:一是能够单独识别到特定自然人的信息,即直接识别信息;二是与其他信息结合才可识别到特定个人的信息,即间接识别信息。两种信息对人的尊严的影响并不相同:直接识别信息可与头脑中熟悉的"既定"人物形象对应,直接关涉人的尊严;间接识别信息仅了解其属于"某个人",却并不"认识"他是谁,也不知悉其"身份",在与其他信息结合前,无涉人的尊严。对此,法律可秉承"两头强化"的思路予以规制:对直接识别信息加强保护,对间接识别信息加强利用。[1] 直接识别信息受隐私权保护,不得进行商业利用,除必要的共享之外,信息收集应受知情同意规则限制。间接识别信息虽然存在与其他信息结合成直接识别信息的风险,但从整体社会利益上考虑,应赋予其商业利用的合法性。[2]

值得注意的是,在大数据的背景之下,直接识别信息可以脱敏,成为间接识别信息,间接识别信息一旦与其他信息结合也会重新获得直接识别的能力,从而丧失商业利用的合法性基础,除非再次获得授权。这样,隐私信息的界定就实现了从一次静态到二阶动态的转变。在这一动态过程中,基于直接识别与间接识别的过渡,隐私信息中的人格利益与财产利益发生了分离。[3]

三、个人信息保护需要公法协助

虽然学界主流意见认为应当规定个人信息权,但无论《民法总则》还是《民法典》,均未在个人信息后加上"权"字,表明学界对个人信息权持谨慎态度。既然如此,为何还要专门规定"个人信息保护"?原因在于,大数据影响了信息的利益形态和责任方式。

信息处理有两个关键节点:一是信息收集阶段,二是信息利用阶段。就前者而言,信息基于生活事实、公共利益抑或是法律行为而被收集,既可能是直接识别信息,也可能是间接识别信息。直接识别信息因受隐私权保护,从而对

---

[1] "两头强化"的思路最早由张新宝教授提出,但其以敏感信息、一般信息的区分为基础。参见张新宝:《从隐私到个人信息:利益再衡量的理论与制度安排》,《中国法学》2015年第3期。

[2] 也有学者认为,间接识别信息的商业利用也应获得授权。参见王利明:《数据共享与个人信息保护》,《现代法学》2019年第1期。但数据利用海量而又反复,根本无法适用知情同意规则。

[3] 参见房绍坤、曹相见:《论个人信息人格利益的隐私本质》,《法制与社会发展》2019年第4期。

它的收集须受特殊限制。就后者而言,只有间接识别信息才可以被利用。因此,直接识别信息被利用必须脱敏,禁止间接识别信息重获敏感性。同时,个人信息在隐私利益之外,还存在表征主体同一性的利益(如个人简介),因此权利人享有查阅、异议与更正的权利。而在隐私与同一性受侵害时,责任方式就在损害赔偿之外,还包含删除在内。

当然,上述功能非私法所能承受之重,通过刑法等公法手段的协助必不可少。基于个人信息易于传递的特性,尤其是在隐私信息丧失控制基础、隐私判断采动态模式的背景下,个人信息保护法应侧重于基于预防理念的公法手段,在公法的框架下进行风险规制。[①] 尤其有必要建立信息处理主体内部的风险评估制度,以及政府的信息保护事前审查制度。

第一千零三十五条　处理个人信息的,应当遵循合法、正当、必要原则,不得过度处理,并符合下列条件:

(一)征得该自然人或者其监护人同意,但是法律、行政法规另有规定的除外;

(二)公开处理信息的规则;

(三)明示处理信息的目的、方式和范围;

(四)不违反法律、行政法规的规定和双方的约定。

个人信息的处理包括个人信息的收集、存储、使用、加工、传输、提供、公开等。

释　义

本条是关于个人信息处理原则的规定。

个人信息的流通具有快速性和反复性,区分收集、存储、使用、加工、传输、提供、公开等意义不大。本条将信息流通概括为“处理”符合现实情况,颇值赞赏。就处理的原则而言,本条第 1 款第 4 项“不违反法律、行政法规的规定和双方的约定”的规定,实际上已为“合法”“同意”所包含,故本书不予单独讨论。

---

① 　参见丁晓东:《个人信息私法保护的困境与出路》,《法学研究》2018 年第 6 期。

一、合法、正当、必要原则

本条实际上规定的是合法原则和比例原则。合法原则中的"法",应采广义的理解,不仅指基本法律,也包含行政法规;不仅指《民法典》上的规范,还包括其他部门法规定的个人信息保护规范。所谓正当、必要原则,可从比例原则的角度来理解。比例原则肇始于德国警察法,由适当性、必要性和均衡原则(即狭义比例原则)三个子原则组成:所谓适当性,是指法律(或公权力措施)的手段适合于实现目的;必要性是指在前妥当性原则已获肯定之后,在所有能够达成立法目的的方式中,必须选择对公民权利最小侵害的方法;均衡原则则指,措施虽然是达成目的所必要的,但不可过度增加人民的负担。① 比例原则虽源自公法,在私法中也具有普适性,可发挥捍卫私法自治的价值。②

合法原则的重要性在于,个人信息的保护不仅涉及责任问题,事先的预防机制更为重要。为此,信息处理必须符合法定程序甚至经过第三方审查。虽然基于生活事实、法律行为以及公共利益的需要,个人信息可以被强制处理,但其毕竟存在侵权风险,因而不得过度处理。例如,导航应用可以收集位置信息,但不宜获取通讯录、相册等信息。为此,符合比例原则就意义重大。应当指出的是,个人信息的处理是否符合比例原则,应当纳入行政法的事先保护机制中。

二、知情同意原则及其例外

1. 知情同意的内容与意义。知情同意原则由知情、同意两部分组成,同意又是建立在知情的基础上的。所谓知情,一方面要求自然人知悉信息处理的目的、方式和范围,从而对信息的后续使用产生清晰的认识和预期③;同时信息的处理应当公开进行,因此知情原则内在地包含了本条第 1 款第 2 项、第 3 项规定的公开原则、明示原则。由于避免了信息不对称的情形,同意原则才能真正落到实处。按照本条第 1 款第 1 项规定,除非法律、行政法规另有规定,个人信息的处理必须征得自然人或其监护人的同意。由于其将知情同意视为

---

① 参见陈新民:《德国公法学基础理论》,山东人民出版社 2001 年版,第 369—370 页。
② 参见纪海龙:《比例原则在私法中的普适性及其证立》,《政法论坛》2016 年第 3 期;郑晓剑:《比例原则在民法上的适用及展开》,《中国法学》2016 年第 2 期。
③ 参见梁泽宇:《个人信息保护中目的限制原则的解释与适用》,《比较法研究》2018 年第 5 期。

信息处理的唯一合法性前提,从而彰显了当事人自主意思的重要地位,保障了当事人对自身个人信息的控制。①

个人信息人格利益属于隐私,与知情同意原则并不完全冲突,因为赋予个人一定的知情同意权,并不意味着个人取得了可排他控制的个人信息权。②反过来说,只要主体对其隐私信息存在处理的可能,就应当适用知情同意原则,这是隐私保护的必要补充。③ 其一,就直接识别的个人信息而言,虽然基于隐私公开的相对性,信息被处理后仍受隐私权保护,但由于已失去对信息的控制,信息被公开的风险大为增加,规定知情同意原则有利于减少此种隐私风险。其二,就间接识别的个人信息而言,虽然其暂时无法识别到个人,但在大数据背景下,重新获得敏感性不过是样本大小的技术问题,因此也存在很大的隐私风险,对其之初次收集亦应适用知情同意原则。

2. 知情同意原则的例外。在信息社会,信息对政府也是稀缺的。由于政府掌握了国家公权力,基于公共利益的需要可以处理公民隐私信息。此种情形虽然构成对公民隐私权的限制,却无须征得公民同意,但公民应享有知情权。即便如此,政府的信息处理行为仍应受到合法原则、比例原则的限制。

三、收集、利用的不同要求

按照本条规定,合法原则、比例原则、知情同意原则同时适用于个人信息的收集、利用行为。这也是个人信息独立权说的立场,如有学者认为:"数据共享中的个人信息仍然属于信息权利人的权利,与个人信息的收集、利用行为一样,数据共享也应当获得信息权利人的授权。"④但事实上,在大数据背景下,信息处理具有多方共享、不特定性、批量性等特征,获得自然人的同意难以有效进行。反过来说,在数据处理中保障自然人的信息控制权已不可能。⑤

因此,本书认为,应限缩知情同意规则的适用范围,使其局限于个人信息

---

① 参见谢远扬:《〈民法典人格权编(草案)〉中"个人信息自决"的规范建构及其反思》,《现代法学》2019 年第 6 期。

② 参见高富平主编:《个人数据保护和利用国际规则:源流与趋势》,法律出版社 2016 年版,序言第 3—4 页。

③ 参见房绍坤、曹相见:《论个人信息人格利益的隐私本质》,《法制与社会发展》2019 年第 4 期。

④ 王利明:《数据共享与个人信息保护》,《现代法学》2019 年第 1 期。

⑤ 参见谢琳:《大数据时代个人信息使用的合法利益豁免》,《政法论坛》2019 年第 1 期。

的收集上;而在信息利用过程中采场景理论,即在具体场景中判断是否存在隐私侵权的后果模式。实际上,在民法典编纂之时就有学者呼吁,应当跳出"信息自决"的束缚,以信息保护和信息利用平衡为视角,重构相关内容尤其是信息处理的合法性条款,从而实现在保护个人信息的同时,保障相关产业发展的制度目标。[①] "知情同意不是且不应成为个人信息处理的唯一合法性基础,在个人信息保护法制定中应首先明确个人信息上的利益,然后根据个人信息上的利益之间的平衡建构个人信息的使用规则,建立多元的合法性基础。"[②]

第一千零三十六条 处理个人信息,有下列情形之一的,行为人不承担民事责任:

(一)在该自然人或者其监护人同意的范围内合理实施的行为;

(二)合理处理该自然人自行公开的或者其他已经合法公开的信息,但是该自然人明确拒绝或者处理该信息侵害其重大利益的除外;

(三)为维护公共利益或者该自然人合法权益,合理实施的其他行为。

释 义

本条是关于个人信息合理使用的规定。

一、在自然人同意范围内合理实施的行为

虽然按照《民法典》第1035条规定,经过同意可处理自然人的个人信息,但并不意味着处理者可任意处理,而是要遵循"合理"原则。其一,自然人或其监护人同意处理直接识别信息的,处理不得超出同意的范围,在未明确具体范围时,不得超出自然人或其监护人可预见的范围。其二,自然人同意处理间

[①] 参见谢远扬:《〈民法典人格权编(草案)〉中"个人信息自决"的规范建构及其反思》,《现代法学》2019年第6期。

[②] 高富平:《个人信息使用的合法性基础——数据上利益分析视角》,《比较法研究》2019年第2期。

接识别信息的,不能与其他信息结合侵害自然人隐私。

二、处理已自行公开或其他已合法公开的信息

一般认为,已经公开的个人信息属于公共领域,他人可以在合理范围内进行处理。[①] 但其仍应受到两重限制:一是,虽然信息已经公开,不受知情同意原则约束,但自然人仍然对其信息的使用目的和范围存在某种自主利益。如在 2020 年的新型冠状病毒疫情中,上海某科研团队公开其获得的病毒数据供疫情攻关使用,但有其他科研团队利用其数据发表论文使其大为光火,故本条规定"该自然人明确拒绝"的除外。二是,即便自行公开或通过其他途径合法公开的信息,仍可能与其他信息结合起来侵害个人利益,如对个人同一性利益或隐私利益的侵害,因此亦应被禁止。本条所谓"重大利益",应指受法律保护的利益。

三、基于公共利益、自然人利益的合理使用

本条第 3 项规定了基于公共利益和自然人利益的合理使用行为。在《人格权编(草案)》(二审稿)之前,本项内容分公共利益、公序良俗、法律行政法规规定三种情形。如"一审稿"第 3—5 项规定如下合理使用行为:为学术研究、课堂教学或者统计目的在合理范围内实施的行为;为维护公序良俗而实施的必要行为;法律、行政法规规定的其他适当实施情形。由于为学术研究、课堂教学、统计目的、公序良俗的使用均属公共利益的范围,法律、行政法规规定的情形又已为第 1035 条第 1 款第 1 项后半句规定,所以本条将其合并为"为公共利益"而实施的合理行为,同时又增加了为该自然人合法利益的合理行为。

值得注意的是,为了公共利益、自然人利益使用他人个人信息的行为,既非基于法律、行政法规的规定,也不适用知情同意规则,在性质上属于合法利益的豁免机制[②],打破了知情同意原则的垄断局面。关于合法利益豁免机制,即便在个人信息保护最为严格的欧洲,也已与知情同意原则并驾齐驱,而非作

---

① 参见谢远扬:《〈民法典人格权编(草案)〉中"个人信息自决"的规范建构及其反思》,《现代法学》2019 年第 6 期。

② 参见张红:《民法典之隐私权立法论》,《社会科学家》2019 年第 1 期。

为后者的补充。① 在范围上,欧盟将合法利益界定为数据控制者或第三方的合法利益。对此,欧盟也采宽泛解释的立场:合法利益不仅限于法定权利,还应包括法律上未规定的不违法的利益。大至公共利益,小至企业私人利益,只要不违反法律规定,均可属于合法利益。②

由于本条第 3 项限于为公共利益和自然人利益的行为,与比较法上的合法利益豁免机制相比,范围显然要狭窄得多。此外,维护公共利益或该自然人合法权益的内容十分抽象,具有兜底条款的性质,因此对其适用必须要有所限制。③ 而对此种行为进行限制的“合理”标准,应在不侵害自然人的同一性利益、隐私利益的前提下,结合具体情景进行判断。

第一千零三十七条　自然人可以依法向信息处理者查阅或者复制其个人信息;发现信息有错误的,有权提出异议并请求及时采取更正等必要措施。

自然人发现信息处理者违反法律、行政法规的规定或者双方的约定处理其个人信息的,有权请求信息处理者及时删除。

释　义

本条是关于个人信息上权能的规定。

从范围上来看,欧盟《一般数据保护条例》规定了数据主体对个人数据的访问权、更正权、擦除权、限制处理权、数据携带权、一般反对权和反对自动化处理的权利。其中,最重要的当属访问权、更正权、擦除权与携带权。④ 与之相比,《民法典》第 1037 条的范围相对狭窄,且未规定数据携带权。

个人信息独立权说的思路是,既然个人信息事实上已为他人所控制,有必要从法律上赋予自然人某种支配力。“个人信息自主控制是指信息主体对其个人信息拥有支配和决定的权利。它既是信息主体拥有个人信息权利的标志

---

① 参见谢琳:《大数据时代个人信息使用的合法利益豁免》,《政法论坛》2019 年第 1 期。
② 参见谢琳:《大数据时代个人信息使用的合法利益豁免》,《政法论坛》2019 年第 1 期。
③ 参见谢远扬:《〈民法典人格权编(草案)〉中“个人信息自决”的规范建构及其反思》,《现代法学》2019 年第 6 期。
④ 参见丁晓东:《什么是数据权利?》,《华东政法大学学报》2018 年第 4 期。

和宣示,也是个人信息权的核心和其他权能的基础。"①通过对个人信息的控制,衍生出了查阅、复制、异议、更正、删除等内容。虽然我们习惯于称之为查阅权、更正权、删除权,但其本质上是权能而非权利,这也是学界主流的看法。②

不过,立足于个人信息概念与隐私的融贯性,我们不从个人信息权角度,而从个人信息上同一性利益、隐私利益二分的角度,也可以合理解释上述权能。

一、基于同一性产生的权能

所谓同一性利益,即自然人的人格标识、个人信息仅仅指代主体自己,权利人对自己人格标识、个人信息的使用不受他人否认、冒用或不正确使用的利益。姓名、肖像上的同一性利益广为人知,但个人信息上是否具有同一性利益? 个人信息具有识别功能,它既是个人标识自己的工具,也是他人识别个人的工具。③ 在隐私利益之外,个人信息也具有表征功能和同一性利益,个人简介、名片为其典型。具有表征功能的个人信息具有他为性,他人也同时负有正当使用的义务。围绕他人的正当使用义务,自然人可享有访问和更正权。这实际上是一种新型的标表型人格权。④ 对此,民法典虽未明确承认,但解释上仍可得出肯定结论。⑤

从个人信息的理论发展上来看,自我表现理论可视为对个人信息同一性利益的发现。自我表现理论源自符号互动理论,后者认为,社会交往中人们会想象自己处于他人角色位置时的可能情形,会设想他人对各种行为的可能反应,并且选择相应的行为,最终形成或改变他人如何看待自己以及自己如何被别人看待。⑥ 自我表现理论意味着,个人需要公开自己的个人信息以塑造自

---

① 王成:《个人信息民法保护的模式选择》,《中国社会科学》2019 年第 6 期。
② 参见叶名怡:《论个人信息权的基本范畴》,《清华法学》2018 年第 5 期。
③ 参见高富平:《个人信息保护:从个人控制到社会控制》,《法学研究》2018 年第 3 期。
④ 参见房绍坤、曹相见:《论个人信息人格利益的隐私本质》,《法制与社会发展》2019 年第 4 期。
⑤ 例如,《民法典》第 999 条规定:"为公共利益实施新闻报道、舆论监督等行为的,可以合理使用民事主体的姓名、名称、肖像、个人信息等;使用不合理侵害民事主体人格权的,应当依法承担民事责任。"
⑥ 参见史清敏、赵海:《自我表现理论概述》,《心理科学进展》2002 年第 4 期。

己的人格形象(即人设),此种公开多数情况下是主动的,也有时候是被动的,但都事关主体的人格形象问题。"正是在这个意义上,所谓对个人信息的保护,并非直接保护个人隐私,而是保护个人对其自身社会形象的自我决定。"[1]

按照本条规定,基于同一性保护产生的权能包含查阅、复制以及异议、更正。其中,查阅权居于核心地位,因为经由查阅才能知悉个人信息是否仍然保有同一性,也才有了复制的辅助性权能,才能在同一性受侵害之时提出异议并要求更正。

二、基于隐私权产生的权能

依本条第 2 款规定,在信息处理者违反法律、行政法规的规定或者双方的约定处理其个人信息的,自然人有权请求信息处理者及时删除。所谓违反法律、行政法规规定或者双方约定,是指信息不存在他为性从而落入隐私范畴的情形,因此本条第 2 款规定的是隐私权的救济方式。一般情况下,隐私权被侵害之后只能请求损害赔偿、赔礼道歉等救济方式,但在网络上隐私可能一直以信息的形式向大众持续公开,因此删除信息也成为隐私侵权的救济方式。

关于删除权,很多学者将其等同于被遗忘权。被遗忘权源自法国法上罪犯"刑满释放后反对公开其罪行及监禁情况的权利",是指自然人要求删除相关个人信息的请求权。近年来,我国也兴起一股主张引入被遗忘权的潮流。[2]本书认为,本条规定的删除权不同于被遗忘权,前者是隐私侵权的责任方式,后者作为个人信息权的延伸[3],以个人对其信息的控制为基础,与信息社会的现实不符。此外,赋予个人自由的被遗忘权,还会导致对言论自由的戕害,妨碍数据经济的发展。当然,若需"被遗忘"的信息上产生了合理隐私期待,亦可受到隐私权保护。如刑满释放浪子回头者对其前科应享有隐私利益,原则上不得再次提及与公开。其具体判断依赖法官综合行为人的主观状态、社会

---

[1] 谢远扬:《〈民法典人格权编(草案)〉中"个人信息自决"的规范建构及其反思》,《现代法学》2019 年第 6 期。

[2] 参见刘文杰:《被遗忘权:传统元素、新语境与利益衡量》,《法学研究》2018 年第 2 期;郑志峰:《网络社会的被遗忘权研究》,《法商研究》2015 年第 6 期;万方:《终将被遗忘的权利——我国引入被遗忘权的思考》,《法学评论》2016 年第 6 期。

[3] 参见廖磊:《搜索引擎服务商的个人信息保护义务研究》,《河南财经政法大学学报》2017 年第 1 期;张里安、韩旭至:《"被遗忘权":大数据时代下的新问题》,《河北法学》2017 年第 3 期。

危害性等多方因素的利益衡量。

第一千零三十八条　信息处理者不得泄露或者篡改其收集、存储的个人信息；未经自然人同意，不得向他人非法提供其个人信息，但是经过加工无法识别特定个人且不能复原的除外。

信息处理者应当采取技术措施和其他必要措施，确保其收集、存储的个人信息安全，防止信息泄露、篡改、丢失；发生或者可能发生个人信息泄露、篡改、丢失的，应当及时采取补救措施，按照规定告知自然人并向有关主管部门报告。

释　义

本条是关于信息处理者守法义务、安全保障义务的规定。

一、信息处理者的守法义务

本条第1款规定了信息处理者的守法义务，即不得泄露、篡改其收集、存储的个人信息，未经同意不得向他人非法提供个人信息。此种守法义务是针对直接识别信息的处理而言，间接识别信息的处理则不适用此规则。其一，直接识别的信息多在收集阶段存在，但无论基于何种原因的收集，自然人均不失其隐私期待和同一性利益，收集者的泄露、篡改行为均构成侵权，因而在法律禁止之列。当然，如果经过自然人的同意，收集者将直接识别信息提供给他人，并不构成侵权。其二，就间接识别的个人信息而言，虽然其收集亦应经过自然人同意，但在信息利用阶段，只要不与其他信息结合为直接识别信息，即可不经自然人同意而为之。

此种守法义务实际上就是信息处理者的保密义务。对此，《网络安全法》第40条规定："网络运营者应当对其收集的用户信息严格保密，并建立健全用户信息保护制度。"值得注意的是，按照本条第1款规定，只有"经过加工无法识别特定个人且不能复原"的信息，才构成保密义务的例外。应当说明的是，在大数据时代，间接识别的个人信息只是暂时不能识别到个人，一旦与其他信息结合仍可识别到个人；而一旦个人信息因加工而永远不能识别到个人时，其可利用性就几近于零。为此，在解释上，宜将"经过加工无法识别特定个人且不能复原"理解为间接识别信息。

二、信息处理者的安全保障义务

本条第 2 款规定的是信息处理者的信息安全保障义务。同前款规定的守法义务一样,信息安全保障义务也主要是关于直接识别信息的保障义务。此种信息安全保障义务的设立,旨在从信息处理者内部建立信息侵权的预防机制,以应对大数据背景下损害的广泛性和不可恢复性。而信息处理者(网络服务提供者)在信息安全维护上处于信息看门人地位,其作为信息利益、隐私风险的"保有人",既有责任也有能力,向网络用户承担信息安全保障义务。① 关于信息安全保障义务的范围,包含了一般情况下采取的必要措施和紧急情况下采取的补救措施。

一般情况下,信息处理者应当采取"技术措施和其他必要措施",以预防信息泄露、篡改、丢失。所谓的"技术措施或其他必要措施",应指维持、升级信息系统防止出现安全漏洞的措施。信息处理者在经营过程中,如若停止某项技术服务,对于使用该技术的所有用户应当提前通知,及时提醒其继续使用将会带来的风险,以及告知其避免这些风险需要采用的措施,给用户足够的时间进行技术更换工作。② 在紧急情况下,即发生或者可能发生个人信息泄露、篡改、丢失的,应当及时采取补救措施,依照规定告知自然人并向有关主管部门报告。因在发生大规模个人信息泄露、篡改、丢失的紧急情形,往往涉及国家网络安全,从而有国家主管部门介入的必要。应当注意的是,信息处理者的信息安全保障义务应在"在合理的限度之内"③。

第一千零三十九条 国家机关、承担行政职能的法定机构及其工作人员对于履行职责过程中知悉的自然人的隐私和个人信息,应当予以保密,不得泄露或者向他人非法提供。

---

① 参见梅夏英、杨晓娜:《网络服务提供者信息安全保障义务的公共性基础》,《烟台大学学报(哲学社会科学版)》2014 年第 6 期。
② 参见梅夏英、杨晓娜:《网络服务提供者信息安全保障义务的公共性基础》,《烟台大学学报(哲学社会科学版)》2014 年第 6 期。
③ 谢远扬:《〈民法典人格权编(草案)〉中"个人信息自决"的规范建构及其反思》,《现代法学》2019 年第 6 期。

释　义

本条是关于国家机关、承担行政职能的法定机构及其工作人员保密义务的规定。

在信息社会中,国家机关或承担行政职能的法定机构存在三种角色。一是基于公共利益的需要处理海量个人信息,并形成巨型数据库,如公民身份信息数据库等。二是为维护国家信息安全而实施网络安全审查(非意识形态的言论审查)。三是为预防信息泄露等侵权行为而对其他信息处理者的信息监督。上述任何一种角色都使国家机关、承担行政职能的法定机构及其工作人员接触到大量的公民隐私信息,第一种角色尤其如此。因此,有必要规定国家机关、承担行政职能的法定机构的信息保障义务,要求其设置专门的机构和技术人员,做好安全保密工作。[1]

目前,我国政府的角色主要限于信息处理和安全审查两种。与此不同,学界普遍意识到政府在信息处理者处理信息中的积极作用,力倡由国家有关部门设立"信息保护官",以保证信息处理者充分履行相应义务,保障自然人的合法权益。[2] 欧盟《一般数据保护条例》37 条也规定,在公共机构的数据处理、大规模数据处理或者特殊数据处理等情形,信息处理者应当委任数据保护官。考虑到我国当前信息泄露的严重状况和企业诚信程度,由国家来监督信息的处理,不失为一个妥当的选择。建议未来的《个人信息保护法》规定这一制度。

---

[1]　参见王秀哲:《大数据时代公共安全领域个人信息保护的政府责任》,《理论探讨》2017 年第 4 期。

[2]　参见谢远扬:《〈民法典人格权编(草案)〉中"个人信息自决"的规范建构及其反思》,《现代法学》2019 年第 6 期。

责任编辑：张　立
封面设计：林芝玉
版式设计：顾杰珍
责任校对：梁　悦

图书在版编目（CIP）数据

《中华人民共和国民法典·人格权编》释义/杨立新,郭明瑞 主编;曹相见,
　杜生一,侯圣贺 编著. —北京:人民出版社,2020.6
ISBN 978－7－01－022151－9

Ⅰ.①中…　Ⅱ.①杨…②郭…③曹…④杜…⑤侯…　Ⅲ.①人格-权利-法律
　解释-中国　Ⅳ.①D923.15

中国版本图书馆 CIP 数据核字（2020）第 099377 号

《中华人民共和国民法典·人格权编》释义
ZHONGHUARENMINGONGHEGUO MINFADIAN RENGEQUANBIAN SHIYI

杨立新　郭明瑞　主编
曹相见　杜生一　侯圣贺　编著

人民出版社 出版发行
（100706 北京市东城区隆福寺街 99 号）

北京盛通印刷股份有限公司印刷　新华书店经销

2020 年 6 月第 1 版　2020 年 6 月北京第 1 次印刷
开本:710 毫米×1000 毫米 1/16　印张:10.5
字数:180 千字

ISBN 978－7－01－022151－9　定价:40.00 元

邮购地址 100706　北京市东城区隆福寺街 99 号
人民东方图书销售中心　电话（010）65250042　65289539